JN297753

教師を支える研修読本

就学前教育から教員養成まで

山本 睦・前田晶子・古屋恵太 編
Chika Yamamoto, Akiko Maeda & Keita Furuya

ナカニシヤ出版

はじめに

　政府は2014年7月1日午後，首相官邸で臨時閣議を開き，集団的自衛権の行使を容認するための憲法解釈変更を決定した。このようなニュースが飛び交うなかで，この本に収められている論考は集められた。国民なき憲法解釈変更の決定が，これからの子どもたちの未来を一層不安なものにしている。その一方で，5歳児の義務教育化や小中一貫校の設置促進など，「体系化されない教育改革」と言うべき施策が次々提案されていく。何かが狂い始めたような危機感のなかで，教育に携わる現場は政策1つひとつに振り回されるか，置き去りにされているか，焦燥感だけはあるが何をしてよいかわからない状態にあるように感じる。

　本書の企画は筆者が教員の免許状更新講習時に，非常に熱心に聴講されていた先生方から「もっと深く学びたい。何か良いテキストはないか」と言われるたびに困ったことから生まれた。筆者は「教育の最新事情」のなかで，子どもの変化についての理解や教育政策の動向についての理解などを，主に教育心理学の知見から話していた。しかし，多忙な現職教員の「もっと学びたい」というニーズを充たすには，教育に関わる学問領域ごとのテキストや専門書を悠長に何冊も紹介して「読んでください」というわけにはいかない。さらに各大学の事情にもよるのだろうが，免許状更新講習自体が必ずどの分野であっても最新の情報を入手できるアカデミックな体制を整えているわけでもない。何か1冊，と言われたときに，知識を網羅したテキストというのではなく，自主的な研修のきっかけとなることができるような論考を提供できる本があれば，と必要に迫られて作ったのが本書である。

　企画の段階から，これは「教育学」の本にしたいと思っていた。筆者はこれまで，無理矢理に学問領域を振り分ければ心理学に該当する著書しか執筆していないが，研究者として育ったところは教育学専攻のなかであった（教育学専攻のなかで教育心理学を学ぶことは，心理学専攻のなかで教育心理学を学ぶこ

ととは全く別物であると思う)。そこでまず編者に大学院時代をともに過ごし，物理的距離としては離れていても＜阿吽の呼吸＞で仕事ができる前田晶子氏と古屋恵太氏に加わってもらった。この2人は教育史と教育哲学がそれぞれ専門である。そこから各執筆陣に専門が重ならないよう声をかけていき，最終的に7名の執筆者で10本の論考にまとめる作業を行った。

　この本を執筆するうえで，教員の資質向上の1つの方向性として，《次のステップを見据えた教育》というコンセプトを立ち上げた。《次のステップ》には2つの側面がある。簡単にイメージできるのは，キャリアの側面である。保幼小の連携，小中の連携，中高一貫や高大連携など移行期の問題をクリアするための実践は数多く試みられているが，教員間の連携の難しさだけでなく，目の前の教育活動のなかに《次のステップ》を含み込んでいくことの難しさに直面している教員は数多くいると思われる。例えば，認定こども園で働く保育士には幼児教育と保育の両面にわたる「保育者の専門性」を高めることが求められるが，それと同時に就学に必要なスキルを，認知発達が十分でない子どもたちとの言語を介したやりとりのなかで習得させていかなければならない。園の活動のなかで，子どもが卒園後次に始まる学校生活で支障をきたさないようにするには，何をすればいいのか。それは保育という営みと両立するのか。この問題は，小中，中高，そして学校から社会へと移行するキャリアのなかでも同じように問題となるだろう。

　さらに，次々と「変革」「改革」が謳われる昨今，単に発達上の移行の問題としてではなく，今後の教育界の変容も考慮しつつ，毎日の教育活動に「未来への備え」の視点が必要となる。ここに第2の《次のステップ》の側面がある。それは「これからやってくる変化」の側面である。

　この2つの側面から《次のステップを見据えた教育》を論じるためには，領域横断的な知見を集める必要があった。それによって，学問性に閉じ込められた常識が疑問視されることがあり，その葛藤が教育現場の現状と合致するように思えるからである。例えば，教育心理学の世界では当然とされる「発達」という語（下記(1)の論考参照）すら，教育思想史の視点では解体の対象となりうること（下記(3)の論考参照）など，通して読んでいただくと「こういう見方もあるのか」という気づきがあるはずである。

この本の構成は，次のように3部構成となっている。

(1) 子どもの育ちと未来を見通す　→　子どもたちの未来
(2) 教える仕事の新しい地平　　　→　学校と教師の未来
(3) 教育認識を深めるために　　　→　教育観の未来

最初の頁から読んでいただくのも，自分が所属する学校種にかかわるところから読んでいただくのも，あるいは特定のトピックから読んでいただくのも可能な構成になっている。特に(2)，(3)については，自分1人で読むというより，研修の場で取り上げて議論していただきたいと思う。現在教師の質の向上が求められ，研修担当になると「何をテーマにするか」「誰を講師にするか」「時間をどうやって確保するか」「成果の公表をどうするか」と準備や交渉に追われ，通常業務以上の負担感であるという声が聞かれる。少しでもその負担感を軽くするお手伝いができれば，と考えている。

筆者自身は保育者のキャリア発達を昨今の研究課題としているので，現場の先生がどれだけ多忙を極めているかを少しは理解しているつもりである。多忙ななかで研修のために時間を割くのだから，最大の研修効果を引き出すような配慮が必要である。これまでの調査や研究大会での議論の結果から，次の点は研修効果の面で配慮が必要だと思われるところである。

①免許状更新講習のように，見知らぬ受講者に混じって講義を受けるという研修では，その場では自分の日頃のパフォーマンス改善へのモチベーションが上がる，あるいは「このままではいけない」という危機意識を持つ。しかし，職場に戻り通常業務に追われている間にモチベーションや危機意識は減退する。
②研究大会発表や地域活動会議など，自分の職場を代表して参加する場での研修活動は，積極的になりやすく「楽しさ」を感じやすい。
③校（園）内研修は，業務の関係で全員一斉に参加することが難しい。研修に継続性と効果を求めるならば，参加できなかった教員への「伝達のシステム」を確実に構築し，情報の共有を図る（資料を渡すだけでは，効果は

ない)。
④正規雇用と非正規雇用では研修に対する負担感が異なる。
⑤公開授業,公開保育では,一回性の問題をどう克服するかが課題となる。担当教員は実施日までの準備段階で研修効果は最大になるが,その後効果を継続するためには課題や機会の設定を改めて行う必要がある。

　これらは,一概に「○○すれば,問題解決」というものではない。例えば④では,正規と非正規で分けて研修を実施するという策が考えられるが,非正規の間で「研修は権利」と考えるか否かでその受け止め方に違いが現れる。「研修は権利」と考えれば,非正規は差別されていると捉えられるし,「研修は時間外労働を強いられる」と考えれば,正規とは別に現在の勤務時間内で業務に支障がない程度ですむ研修が望まれるだろう。研修担当の教員は,参加者の研修に臨む意識や研修時期のタイミングが,「何を学ぶか」といった内容よりも,研修効果に影響を及ぼすことを,頭の片隅に入れておいてほしいのである。

　そして,「何を学ぶか」を選ぶ際には,各章の最後の節にある「今,何を準備すべきか」を参照してほしい。この本では,各章の構成は執筆者にお任せしてある。唯一つの条件が,最後の節は「今,何を準備すべきか」とすることである。先に述べた《次のステップを見据えた教育》というコンセプトを章の構成に反映させると,最後に「今,何を準備すべきか」を提案する形で閉じることになる。

　ここまで読んでいただくと,この本が「未来志向」で統一されていることに気づかれるだろう。アルフレッド・アドラーが1930年に『子どもの教育』で述べたように,「未来志向」は教育の重要な価値概念であり,子どもを対象とする仕事の従事者は常に意識しなければならない。ただし,根拠のない未来像に振り回されることは避けたいと思う。この本が教員の「これから期待される」資質向上の一助になれば幸いである。

平成26年7月
編者を代表して
山本　睦

目　次

はじめに　i

◆ I　子どもの育ちと未来を見通す ◆

第1章　子どもの発達と民主主義　──　3
1. はじめに　3
2. 生涯発達の概観　4
3. 子どもの発達段階と「9, 10歳の節」　7
4. 子どもの社会認識　10
5. 対話法と民主主義　13
6. 今, 何を準備すべきか　15

第2章　発達障害児支援の現状と未来　──　19
1. はじめに　19
2. 発達障害児支援の現状　20
3. 発達障害児支援の未来　27
4. 今, 何を準備すべきか　33

第3章　創造性研究からみたキャリア教育の問題点　──　37
1. 進路指導・職業教育からキャリア教育への移行　38
2. 日本型キャリア教育に欠けている要素　40
3. 創造性理論から考えるキャリア教育　44
4. 今, 何を準備すべきか　48

◆ Ⅱ　教える仕事の新しい地平 ◆

第4章　認定子ども園政策と保育者のキャリア支援 ─── 55
1. 「子ども・子育て関連3法」で何が変わるのか　56
2. 認定子ども園への移行に伴う困難　63
3. 今，何を準備すべきか　68

第5章　保育者の専門性と環境構成 ─── 71
1. 保育者の専門性に関する議論の動向　71
2. 発達と環境のかかわり─ブロンフェンブレンナーによる生態学的アプローチ　75
3. 幼児期の特性と環境構成　76
4. 環境を構成する保育者　78
5. 環境構成と園文化　83
6. 保育者の専門性と環境　87
7. 今，何を準備すべきか　88

第6章　「新たな学び」を教室の学びに ─── 93
1. 教育改革における「新たな学び」への問い　93
2. 教室風景をデザインする　101
3. 今，何を準備すべきか　109

第7章　学校の未来を啓く"地域連携" ─── 113
1. 「学校と地域との連携」が問われる背景─地域の構造変化　114
2. 教育改革の流れから読む─なぜ「学校と地域との連携」か　117
3. 「学校と地域との連携」をめぐる現場のいま　120
4. 今，何を準備すべきか　126

◆ Ⅲ　教育認識を深めるために ◆

第8章　近代教育思想批判後の「新しい教育学」の原理 ——— 133
　　1. 原理系科目を軽視する近年の傾向　133
　　2. 戦後教育学の原理と戦後教育学批判の台頭　135
　　3. 近代教育思想批判に基づく「新しい教育学」　144
　　4. 今，何を準備すべきか　151

第9章　省察的実践の矛盾を超えて──生成と他者の概念 ——— 155
　　1. 省察的実践の官製化という矛盾　155
　　2. 問い直される教育的価値　158
　　3. 今，何を準備すべきか　172

第10章　学校におけるリスク教育の可能性
　　　　　──安全教育の課題を乗り越える ——— 175
　　1. 「リスク教育」が目指すもの　175
　　2. 安全教育からリスク教育へ　182
　　3. 今，何を準備すべきか　189

おわりに　193
索　　引　195

I

子どもの育ちと未来を見通す

第1章

子どもの発達と民主主義

1. はじめに

　私は免許状更新講習のなかで，必修領域である「教職についての省察並びに子どもの変化，教育政策の動向及び学校の内外における連携協力についての理解に関する事項」の4項目の1つ「子どもの変化についての理解」を担当してきた。この項目は特別支援教育を専門とする人と2人で担当し，私は主として「子どもの発達に関する心理学における最新の知見」や「子どもの生活の変化を踏まえた課題」について，講義を行ってきた。必修領域の受講者は100人以上であり，更新する教員免許状も幼稚園，小学校，中学校，高等学校，特別支援学校等広範囲にわたるので，テーマの設定や講義内容について毎回苦心してきた。しかし，多忙な教員生活のなか時間を工面してはるばる大学にやってきて，しかも必修領域は2日間講義詰めであり，最後には試験も待っているとなると，受講する方たちの苦労は並大抵なものではない。それを思うと，準備に苦心したというだけでは，受講者に対して申し訳ない。たとえ限定的なテーマのなかにあっても学校教育の未来につながるものを何とか提供できないものか，常々悩んできた。

　これに比べると，選択領域の担当は結構楽しいものである。私は，発達心理学を専門にしているので，話題は子どもの成長も親としての子育ても関係するため，多様な校種の参加者があればあるほど互いの議論も多面的で深まっていく。また，35歳前後，45歳前後，55歳前後という多様な年齢層の方がいる方が，教員のキャリアも子どもの発達も生涯発達という長期的観点から検討することができる。ゼミ形式なので，人数が20人程度に制限されることも，肩の力

を抜いて語り合うことを可能にしているのかもしれない。ただ，教職科目の担当者としてくくられている大学教員に選択領域が回ってくることはあまりない。

　私の免許状更新講習の経験については以上の通りであるが，こうした経験を念頭において本章を記していきたい。その際，私は子どもの発達研究者としてあくまでも子どもの発達という立場から本章に向き合いたい。その意味するところは，子どもの発達の2側面を念頭におくことである。第1に，子どもは生物学的な存在である。子どもの発達には，おとなとは異なるリズムや法則性，多様性が存在する。それを無視して教育は進められない。第2に，子どもは社会的存在である。最近，大学では「人材養成」ということが盛んに強調される。大学（教員）は，学問の自由を謳歌するのではなく，社会で役立つ人材を養成すべく目標を明示して教育せよというということである。しかし，子どもはいきなり「人材」になるわけでなく，子どもの教育も「人材」を目指すべきではない。子どもは家族のなかで育まれ，安心と信頼を背景として成長する。絵本や児童書，音楽や絵画，遊びと生活，言葉や種々のコミュニケーションなど文化を背景として発達する。社会的存在というのは，「人材」である前に，「生活者」や「主権者」であり，その意味で「人格」である。だからこそ，子どもは目先の社会的利益だけでなく，人類の福祉や将来の民主的社会の担い手として世代を越えて発達し，社会の進歩に貢献できるのである。

2. 生涯発達の概観

　人間は生物的にも社会的にも制約された存在である。平均寿命そのものがそれを物語っている。2012（平成24）年簡易生命表によると，男の平均寿命は79.94年，女の平均寿命は86.41年である（厚生労働省，2013）。また，1947（昭和22）年は，男50.06年，女53.96年であり，1990（平成2）年は，男75.92年，女81.90年である（同上）。1947（昭和22）年から1990（平成2）年，2012（平成24）年の変化は，戦争社会から平和社会への環境変化が大きく寄与していることが予想される。もちろん環境は衣食住のみならず，労働環境や母子保健等医療制度も大きくかかわっている。このことは人間の寿命という生命現象も社会的に制約されていることを如実に示している。しかし，他方で平均寿命の

伸び率は鈍くなりある年齢で頭打ちの状態にある。医学等の進歩により種々の病気を治療できるようになれば，平均寿命はさらに伸びていくかもしれないが，人間を生物として考えれば，いくら環境改善したからといって，無限に伸張するとは考えにくい。この点，人間はまさしく生物的に制約されていると言える。

こうした二重の制約——生物的制約と社会的制約が相俟って，人の発達過程

表1-1 発達の時期区分

1. 胎児期			〜出生
(1) 胎芽			最終月経後2週で受精してから8週まで
(2) 胎児		Ⅰ期	9週から（概ね最初の3ヶ月）：器官の形成
		Ⅱ期	14週から（概ね次の3ヶ月）：神経系の形成
		Ⅲ期	27週から（概ね誕生までの3ヶ月）：誕生の準備
2. 乳児期			出生から概ね1歳半
(1) 新生児期			誕生後の1ヶ月（0〜27日）
(2) 乳児期		前半	臥位の時代
		後半	座位の時代
3. 幼児期			概ね1歳半〜6歳
		前半	2足歩行の確立，片言によるコミュニケーション，道具の使用の出現
		後半	反抗期を経て自我の確立，協同あそびの出現，自己コントロール
4. 児童期			概ね6〜12歳
		前半	学校への適応（規律や努力），認識の発達
		後半	「9, 10歳の節」を経て論理的な思考の発達，ギャングエイジ
5. 青年期			概ね12〜30歳
(1) 思春期			性の目覚めとおとな入門
(2) 青年期		前半	職業と結婚の準備
		後半	おとなとしての社会参加と社会的自立，家族の形成
6. 壮年期			概ね30〜45歳
			おとなとして成長（社会生活や職業・家族の責任を通じて）
7. 中年期			概ね45〜65歳
			中年の危機（「最後」の選択）
8. 老年期			概ね65歳〜
			初老の危機（価値観の転換と新たな人生展望）

表1-2 ハヴィガーストの発達課題

時期	番号	発達課題
幼児期および早期児童期	1	歩行の学習
	2	固形食摂取の学習
	3	しゃべることの学習
	4	排泄の統制を学ぶ
	5	性差および性的な慎みを学ぶ
	6	社会や自然の現実を述べるために概念を形成し言語を学ぶ
	7	読むことの用意をする
	8	善悪の区別を学び,良心を発達させはじめる
中期児童期	1	通常の遊びに必要な身体的技能を学ぶ
	2	成長しつつある主体としての自分に対する健全な態度を身につける
	3	同年代の者とやっていくことを学ぶ
	4	男女それぞれにふさわしい社会的役割を学ぶ
	5	読み書きと計算の基礎的技能を発達させる
	6	日常生活に必要なさまざまな概念を発達させる
	7	良心,道徳心,価値尺度を発達させる
	8	個人としての自立を達成する
	9	社会集団や社会制度に対する態度を発達させる
青年期	1	同年代の男女と新しい成熟した関係を結ぶ
	2	男性あるいは女性の社会的役割を身につける
	3	自分の体格をうけいれ,身体を効率的に使う
	4	親や他の大人たちから情緒面で自立する
	5	結婚と家庭生活の準備をする
	6	職業につく準備をする
	7	行動の指針として価値観や倫理体系を身につける――イデオロギーを発達させる
	8	社会的に責任ある行動をとりたいと思い,またそれを実行する
早期成人期	1	配偶者の選択
	2	結婚相手と暮らすことの学習
	3	家庭をつくる
	4	育児
	5	家の管理
	6	職業の開始
	7	市民としての責任をひきうける
	8	気心の合う社交集団をみつける
中年期	1	十代の子どもが責任を果たせる幸せな大人になるように援助する
	2	大人の社会的責任,市民としての責任を果たす
	3	職業生活で満足のいく地歩を築き,それを維持する
	4	大人の余暇活動をつくりあげる
	5	自分をひとりの人間として配偶者に関係づける
	6	中年期の生理学的変化の受容とそれへの適応
	7	老いてゆく親への適応

老年期	1	体力と健康の衰退への適応
	2	退職と収入の減少への適応
	3	配偶者の死に対する適応
	4	自分の年齢集団の人と率直な親しい関係を確立する
	5	柔軟なやりかたで社会的な役割を身につけ,それに適応する
	6	満足のいく住宅の確保

を大きく時期区分している。胎児期,乳児期,幼児期,児童期,青年期,壮年期,中年期,老年期がそれにあたる。それぞれの時期の開始には,胎児期であれば受精,乳児期であれば出生,幼児期であれば二足歩行や発話,児童期であれば小学校への入学,青年期であれば月経等の第2次性徴,壮年期であれば就職や結婚,中年期であれば子どもの自立,老年期であれば退職など目印となるものがあるので,理解しやすい。それを年齢に対応させながら示したものが,表1-1である。ここから,心理や行動を具体的に時期に位置づけて考慮する発想が生まれる。遊びや学習といった活動も時期によって異なる意味と重要性をもつ。さらに,それらを時期ごとの発達課題として整理したのが,ハヴィガースト(Havighurst, R. J.)であり,1950年代のアメリカ中流家庭をモデルにした時代的制約はあるものの,子どもの発達に基づく必須の教育事項として今でも理解されやすい。表1-2は,ハヴィガーストの著書をもとに筆者が作成した表の一部である(Havighurst, 1953)。

3. 子どもの発達段階と「9, 10歳の節」

それぞれの時期区分のなかで人は安定した生活を送っているかというと,決してそのようなことはない。どの時期も環境と身体の状況に応じて様々な対立や葛藤に彩られている。生涯発達を外から捉えれば,物理的な年齢によって区切ることができる。しかし,その時期を生きている当事者からすれば,発達段階の対立や葛藤のなかにいるということになる。その点では,人生のどの時期にいようとも「発達の危機」を過ごしているということになる。このことの意味について,従来安定した時期として考えられてきた児童期を取り上げて検討してみたい。

おとなは自らを完成体として捉えやすい。おとなは子どもをおとなへいたる過程とみなす。そしておとなに備わっている諸機能の起源を子どもに見いだそうとする。あまたの発達心理学テキストにおいて機能領域別に子どもの発達が示されている。「姿勢・運動」「情動・感情」「言語」「知能」「認識」「人格」等々の別に，子どもの発達過程が語られる。発達検査においてもこうした機能領域別の発達標準表が用いられてきた。これによって，発達が順調であるかどうかについて，年齢を基準に検討できるようになった。

しかし，子どもはおとなになるためだけに存在しているわけではない。子どもは何より子どもとして存在している。例えば，蝶を想像してみよう。成虫としての蝶は空を舞い，花から花へ渡り歩き，花の蜜を吸う。宙を飛ぶという運動機能は，当然のことながら羽根という器官を備えてはじめて，働く。成虫の前段階である蛹や幼虫には空を飛ぶ機能も器官もない。蝶の場合，幼虫と成虫とは姿形が全く異なっているので，成虫の機能を幼虫に見いだそうとしないだろう。しかし，人間の場合，子どもとおとなは姿形が似ているため，子どものなかにおとなと同様な感情や思考の働きを見いだす誘惑に駆られやすい。そればかりか教育を通じて早くおとなに近づけようとさえ考える。

子どもの示す諸行動は，おとなと比較する前に，子どもの発達段階に位置づけてまず検討する必要がある。そのためには，子どもをおとなの固定した枠組みに押し込めて理解するのではなく，子どもを子どもの発達段階に位置づけて理解する必要がある。その手がかりが「9，10歳の節」にある。「9，10歳の節」は，聴覚障害児教育における教育困難の指摘に端を発する。かつての聾学校において子どもの学力が小学4年生レベルを越えない，5年生以上になっても4年生までに停滞しているというのだ（萩原，1964）。言語発達の問題から言及されたことではあるが，その後これはたんに言語だけでなく認識や人格にも及ぶ発達的な問題として拡大していく。児童期の子どもすべてが「9，10歳の節」との格闘を余儀なくされているというわけだ。

実は，小学校中学年頃から，学校で得た知識をもとにカテゴリー的思考が部分的に始まる。「雨とは何か」について考えるときに，雨の成分を分析し雨の本質である「水」を発見し，その「水」の多様な現象形態——雪も水蒸気も川も水である——の1つとして「雨」を理解する。これがカテゴリー的思考であ

る。ところが，子どもの経験からするとことはそう単純ではなく，実際には雨も様々であり，降雨時は土がはねたり，窓が汚れたりするし，雨が降るときは風が吹いたり，木の葉が揺れたりする。梅雨もあれば氷雨もある。経験している雨にまつわる諸現象は，「雨」と「風」，「雨」と「雷」，「雨」と「土汚れ」といった対による思考をもたらす。こうして，対による思考とカテゴリー的思考との間で葛藤が始まる。その葛藤をよく表しているのが「9, 10 歳の節」である。なお，対による思考については，ワロン（Wallon, H.）が詳細に考察している。ワロンは，「子どもの思考の起源」を追究する過程で，カテゴリーに基づく論理的な思考が出現する以前に，言語の構造に対応した「対」に基づく思考が出現する様子を丹念に取り出し，分析している（Wallon, 1945）。

　L…cot 6歳。「雨とは何ですか？」——「雨とは風です。」——「では，雨と風とは同じですか？」——「いいえ。」——「雨とは何ですか？」——「雨は，雷がなっているときです。」——「風とは何ですか？」——「雨です。」——「では，同じものですか？」——「いいえ。同じではありません。」——「何が同じでないのですか？」——「風です。」——「風とは何ですか？」——「空です。」

　本児は，まだカテゴリー的思考の段階が始まっていないので，自ら葛藤はない。おとなからの問いかけのなかで，葛藤が生まれている。ただ，この対話は児童期の葛藤を予見している。小学校教育は，教科教育を通じて体系的な知識を教えていくので，そこで求められるカテゴリー的思考と子ども自らの経験にもとづく対による思考との間で葛藤を生み出す。その葛藤が頂点に達する時期が「9, 10 歳の節」である。

　もっともこの葛藤は，本来子どもにとって苦しみでもなければ不幸でもない。この葛藤を通じて，子どもは事象について見かけとは異なる本質を知ることになる。科学の楽しさを知ることになる。さらに，これは自己認識にも画期的なことをもたらす。身の回りの子どもたちの多様性——目立ちたがりや控えめ，勇気や怖じ気，乱暴やていねい，社交好きや引っ込み思案……等々——を発見しながら，実は自己にもそうした多様性があることを発見していく。人格の多価性は，様々な性格の人を受容し，友だちとなることを可能にする。だからこそ，たんなる仲間関係が規律ある子ども集団へと変化し，そのことが子どもの

自治能力を高め，子どもをして民主主義社会の形成者として準備させる。

他方で，「9, 10歳の節」における葛藤が子どもに負の作用を及ぼす可能性もある。知識が唯一正しいものとして強制され，疑問をもつ余裕を与えられず，納得いかないまま記憶させられるとき，子どもは自信を失い，学ぶ意欲をなくしていく。「9, 10歳の節」は早く乗り越えなければならないものではなく，児童期を通じて味わうべきものと言った方がよいかもしれない。

4. 子どもの社会認識

葛藤する子どもの思考について示すために，拙著（田丸，1993）より引用する。以下の資料は，録音した子どもとの対話過程をできるだけ忠実に起こしたものである。引用符がついた箇所が子どもの回答で，引用符がついていない箇所はインタヴューアーによる質問である。質問は子どもの社会認識の特徴を明らかにするために，1対1の個人面接で行われた。子どもは買い物などを通して様々な形で「社会」を経験している。しかし，個々人の関係を越えて存在する「社会」を表象することは困難である。買い物で支払いをする理由を考えようとすると，子どもには買い物の場面が浮かんできて，そこから逃れられない。子どもが「雨とは何か」を問われて，「雨を水の一種である」と考えるにいたるには，つまりカテゴリー的思考を働かせるにいたるには，「雨は風である」「雨は雷である」といった対による思考が繰り返し現れ，葛藤に見舞われる。こうした自然認識と同様に，社会認識においても子どもの思考は場面から逃れられない。

M. N.（小学2年生）

お菓子を買うときはどういうふうにして買う？――「お金を出して買う。」――どうしてお金を出すと思う――「わかりません。」――どうして？考えてみて。Mくん考えてみて。なんでお金払うんだろうかあ？――「店のもん勝手に取ったらいけん。」――勝手に取ったらいけん，ただで持って帰ったらいけんなあ。――「店のもんは店のもん。」――店のもんを持って帰るのは，なんでお金払わんといけんだあ？――「どろぼうしたらいけん。」――……そこのお店の人はな，Mくんがお金を払ったらそのお金をどうするんだと思う？――「お店の人がお金を払

う。」──どこに払うんだ？──「お店のおばさんがお金を出した。……わかりません。」──考えてみんさいな。どこに払うんだと思う？Mくんは，どっか払うって言ったなあ，おばさんが。──「お店のおばさんが払う。」──だれに？──「お金を出した人。」──だれだろう，お金を出した人って？──「わかりません。」──やっぱりわからんか。Mくんがお店にお金を出して，お店のおばさんはMくんからお金をもらって，それでそのお金をお店のおばさんはどうする？──「お店のおばさんは，おつりに払ったり，おつりを入れといておつりを払うときに出して。」──おつりは全部入れたままにしとく？──「おつりのときに出して。」──おつりは全部出すんか？チャリーンっていうとこに，まだこん中にお金残っとるだろう。そしたらその残ったお金はどうするん？──「残ったお金は今度来た人がおつりを……うーん，わかりません。」──今度来た人におつりを出したりするんだな。そしたらみんなおつりを出しちゃうんだろうか？──「引き算みたいに600円出して，おつりを出したら後で400円もらえる。」──そしたらみんなおつりで出しちゃう？あとお店に残らんか？──「わかりません。」──そのお金をどうするだろうなあ？──「やっぱりわかりません。」──わからんか？──「店のおばさんじゃないとわからん。」

　支払われたお金の行き先について質問が執拗に繰り返されるが，本児はレジの場面から逃れることができない。支払われたお金はおつりに使われること以外は思い浮かばない。結局支払われたお金の使われ方は「店のおばさんじゃないとわからない」ということになる。事実，その店のお金の使われ方は店主しか知らないし，その意味では本児の回答はもっともである。
　支払いの質問で求められているのは，推論である。特定の店のことではなくて，価格一般の理由であり，これに回答するためにはカテゴリー的思考が必要である。対による思考とカテゴリー的思考とが葛藤する様子は，「9, 10歳の節」の特徴である。

T. Y.（小学4年生）
　お菓子を買うときはどうすればいいですか？──「まずおやつを取って，そいで食品を出して，そいでお金を出します。」──お金払うな。どうしてお金を払うんですか？──「はい，買うものだから。買うものだから。」──買うものはお金払わんといけん？──「はい。」──どうして，どうして買うものはお金払わんといけないんですか？──「……」──お菓子を持ってってお金を払ってお菓子をもらうな。どうしてお金を払わんとお菓子がもらえんだろうな？──「自分のため

になるものだから。」──……お店屋さんはそのお金をどうしますか?──「うーん,何かに使っちゃいます。」──そのお金を何かって,たとえばどういうこと?何に使うの?──「なに,お店などで買うもの。」──お店などで買うもの?お店の人がまたどっかのお店で買うもの?──「服とか。」

　どうしてバスに乗るときにな,お金を払わんといけんですか?──「自分を遠くまで連れていってくれるから。」──じゃあ,そのお金は,自分が払ったお金は,その後どうなると思いますか?こんな箱みたいなのに入れるがんな,ガチャって。それからどうなると思う?──「取り出していろいろなところに使うと思います。」──取り出していろいろ,だれが使うの?──「そのバスの運転手さん。」──運転手さんがそのお金を取って,それからそのお金は運転手さんがもらって帰るの?──「じゃなくて,半分は自分がもらって,そしてもう1つは会社などに持っていきます。」

　本児は,お店に支払われたお金によって生活に必要なものを購買することやバスの運転手と会社とがバス代を分けることなどに気づいている。もし本児が社会科の授業で支払いの仕組みについて教われば,正しい知識を習得することであろう。しかし,それがすぐに社会的知識に一般化するわけではない。そればかりか知識の断片の教え込みは,簡単に記憶から消え去ってしまう。意味があるのは,支払いに結びついた様々な場面をもとにした対による思考と,価格の仕組みに関するカテゴリー的思考との間で格闘することである。なぜなら,児童期に出現するそうした格闘は,青年期以降もその時期に応じた格闘への挑戦をもたらすからである。

M. E.（高校2年生）

　A（あなたが暮らしている町のこと）は好きですか,嫌いですか?──「好きです。」──どうして?──「自然がいっぱいあるから。」──いいところは他にどんなところですか?──「あったかいし,人情がある。」──他には?──「住みやすい。」

　Aはこれからどんなところになると思いますか?──「だんだん過疎化になってくるんじゃないでしょうか。」──どうしてですか?──「この辺では働き口というか,職業じたいがそんなにありませんから,ある程度都会に出て働かないといい所ないというか。」──君も出たいですか?──「はい。」

　町長さんになったら,Aの町をどんなところにしたいですか?──「こんな田舎でも木を切り倒したりするのが,自然破壊みたいなことがされているので,そ

ういうことを少しもしなくてすむようなかんじ，そういうことはしていきたいと思います。」——他にはどうですか？——「線路をつくって汽車を通らせたい。」——線路をつくると自然が破壊されるね，どっちを大事にするのかな？——「土地の人としては，バス，こっちのバス高いんですよね，で，ぜったい汽車の方が安いんです，だからどうでしょう。」

　本児は，いま暮らしている町が好きで，よい所だと思っている。しかし，その町を出て都会に働き口を求めるという。また，本児は，町長になったら自然を守りたい。しかし，その自然を壊して線路をつくり汽車を通らせたいという。質問に対する回答は矛盾しているが，急速に過疎化が進行している町に住んでいる若者が皆抱えている葛藤を表している。社会認識の発達は安易な解決を見いださない。児童期と青年期とでは葛藤の水準は異なるが，どちらの時期にあっても，葛藤に向き合わざるをえない点は共通している。

5. 対話法と民主主義

　私はかつて「対話と思考」について論考したことがある（田丸，1991）。そのときの課題は，ピアジェ（Piaget, J.）やヴィゴツキー（Vygotsky, L. S.），ワロンを発達研究のパラダイムの主要な提案者とし，3つのパラダイムの比較検討を通じて，子どもの生きた思考を研究する方法の核心を明らかにすることであった。私は，その方法を対話法と呼んだ。

　対話法はインタヴュー法あるいは個人面接法と呼ばれることもあるが，質問紙法と比較すると特徴が明確になる。質問紙法は，一見アンケート用紙を用いるところに一番の特徴を見いだしがちである。しかし，それ以上に重要なことがある。それは，質問紙法が意識の存在を前提にしている点にある。つまり，アンケート用紙に向かって回答を記入する一人ひとりの内に安定的な意識が存在することを前提に，記入された回答からそれら意識を測定しようと考える点にある。これに対して，対話法はそうした意識の存在を前提にしない。むしろ，具体的な人間が質問者として姿を現し，肉声の質問を通じて，回答者に迫る過程ではじめて，そのとき回答する側に意識が立ち現れてくると考える。この違いは大きい。

　幼児がアンケートに答えられないのは字が読めないからではない。幼児は

具体的な相手がいないところでは，回答を考えられないからである。その場にいる人から肉声によって問いかけられなくては，思考が始まらないからである。相手の側に，目を合わせて，身振りを交えて，回答を楽しみに待っているという姿勢があってはじめて，子どもの側にも相手に答えようとする動機が生まれる。

　ところで，子どもの場合，回答は同語反復的であったり，断片的であったりする。普通の会話では，おとなが子どもの話を補い，断片を補修し，理解する。したがって，もしおとながあらかじめ設定した枠組みのなかで——質問紙はこの典型であるが——，子どもの言葉を理解しようとすると，それは必ずしも子どもの思考に即したものでなくなってしまう。また，面接したといっても，子どもの回答を無理やりおとなの枠組みに押し込むことになれば，子どもから主体性を奪ってしまう。

　本来対話法では，主体と主体とが対等に向き合わなければならなかった。古代ギリシアの民主主義のなかで，ソクラテスの対話が成り立った。言い換えれば，対話を通して，民主主義が実現されたのである。真理の探究や教育の場においても民主主義を実現しようとするならば，対話が欠かせない。もっともこれは，二者関係でないと民主主義的な教育が成り立たないという意味ではないし，二者関係で教育すれば必ず民主主義的になるという意味でもない。対話の本質は，主体と主体とが互いの声のやりとりを通して，それぞれの自己と思考を区別し，産出していくというところにある。

　民主主義は外から捉えるならば，普通選挙であったり，多数決であったりということであるが，内から捉えるならば人権意識であったり，思想信条の自由であったりする。後者を民主主義的精神と呼ぶならば，その形成はいかにして可能か。もちろん民主主義の仕組みについて，社会科教育や歴史教育を通じて学習することは不可欠であろうが，知識で知っていることと体現していることとは区別されざるをえない。民主主義の体現のためには，自由な対話と思考が日常化されなくてはならない。

6. 今，何を準備すべきか

　本章では，「9, 10歳の節」や「子どもの社会認識」に言及しながら，児童期の発達について検討してきた。そして，比較的安定した時期と言われている児童期においても，認識発達は対立や葛藤を伴いつつ進行することを明らかにしてきた。また，そうした対立や葛藤は抹消すべきものではなく，そうした渦中においてこそ，子どもの思考は鍛えられていくことを示してきた。

　では，対による思考とカテゴリー的思考とが対立・葛藤する時期，すなわち児童期の子どもにとって，どのような教育が求められるのか。対話法の検討において示唆してきたことを敷衍するならば，限られた経験の世界で，対のなかで堂々めぐりする子どもの思考は，民主主義的な対話と科学とによって解放されると言える。単独の子どもでは一面的認識であっても，子ども集団においてつなぎ合わせれば認識は多面的になる。単独の子どもでは限られた経験であっても，科学と結びつくことによって経験は事象の本質に迫る道程となることができる。遊びや学習，仕事等の生活を通じて，教師や学校が自由で民主主義的な関係を築くことができるならば，科学を通じて，権威ではなく事実に基づく真理が追究されるならば，子どもの認識発達を導くことができる。

　ところで，教師は科学的な思考を完成させているわけでもないし，民主主義的な態度を完全に身に付けているわけでもない。教師は子どもと同時代を，さまざまな制約を受けながら生きている。ガリレオ・ガリレイのように，権力や権威に対して「それでも地球は回っている」と言う勇気をもたなければならないと思いながらも，挫けそうになるときもある。だからこそ，教師は学び続けることが必要であり，最新の科学や最良の文化に触れ続けることが求められる。そのことによって，子どもの最善の利益を守ることができるようになる。

　教師が「発達を学ぶ」のは，効率的に教育するためではないし，まして子どもを操作するためではない。あえて言うならば，子どもと誠実に向き合うためである。子どもの発達に関する科学は，子どもの発達の多様性・多面性を明らかにしてきた。一人ひとりがかけがえのない存在として発達するためには，よい環境が必要であることも明らかにしてきた。しかし，教師は，子どもに何が

必要かすでに気づいているのではないだろうか。教師はそのことを肌身で知っているのではないだろうか。

　1945年の終戦後，新しい憲法と教育基本法のもと，学校が日本の民主化の担い手となった。学校で子どもが民主主義を学び，子どもが家庭や地域に民主主義を伝え，日本全体に民主主義が実現されていくと期待された時代があった。民主主義の実現は子どもの双肩にかかっていたし，子どもも自らを新しい日本の担い手として自覚していたであろう。民主主義は，教育の目的と同時に方法も変えていった。教育方法の転換は，「教師の教え」を中心とした教育から「子どもの学び」を中心とした教育への転換であった。あるいは，「教科書を教え込む」教育から「生活を通じて学ぶ」教育への転換であった。また，それは「伝達型」教育から「対話型」教育への転換とも言える。さらに，「権威に基づく」教育から「科学に依拠した」教育への転換とも考えられる。

　戦後の転換点から70年の時を経て，民主主義の教育は成熟してきただろうか。教育は政争の具にされやすく，教育は政治に翻弄されやすい。早期から競争に煽られた子どもは「勝ち組」「負け組」といった「将来」に不安を感じざるをえない。そのストレスから子ども社会には「不登校」や「いじめ」，「無力感」や「自己否定的感情」がもたらされる。1989年に国連で採択された「児童の権利に関する条約」は，子どもの「生存」「発達」「保護」「参加」についてあるべき姿を示しているが，その完全な実現のための道のりはまだ長い。

　子どもにとって，未来は対立と選択を伴う可能性である。子どもには「競争と自己責任」「格差と管理」に充ちた未来ではなく，別の未来を築いていく可能性がある。子どもはおとなを越えて発達し，新しい未来を創り出す権利をもっているのではないだろうか。

■ 引用文献

萩原浅五郎．1964　今月の言葉　ろう教育，**19**（3），3．
Havighurst, R. J.　1953　*Human development and education.* New York: Longmans.（児玉憲典・飯塚裕子（訳）　1977　ハヴィガーストの発達課題と教育――生涯発達と人間形成――．川島書店．）
厚生労働省．2013　平成24年簡易生命表の概況<http://www.mhlw.go.jp/toukei/

saikin/hw/life/life12/dl/life12-14.pdf>
田丸敏高．1991　対話と思考．日下正一・加藤義信（編）1991　発達の心理学．学術図書出版．pp. 190-220．
田丸敏高．1993　子どもの発達と社会認識．京都・法政出版．
Wallon, H.　1945　*Les Origines de la Pensée chez L'enfant.* Presses Universitaires de France.（滝沢武久・岸田秀（訳）1968　子どもの思考の起源．明治図書．）

第 2 章

発達障害児支援の現状と未来

1. はじめに

　他の子どもたちに比べると落ち着きがない子，友達とうまくかかわることができない子，計算や読み書きが苦手な子など，通常学級のなかで支援が必要な子どもは以前から存在した。そのような子どもたちの一部が「発達障害」として，メディア等で取り上げられるようになって久しい。

　文部科学省で定める「発達障害」の範囲は，発達障害者支援法（2004［平成16］年）の定義による。発達障害者支援法の第 2 条によると，発達障害とは「自閉症，アスペルガー症候群その他の広汎性発達障害，学習障害，注意欠陥多動性障害その他これに類する脳機能の障害であってその症状が通常低年齢において発現するものとして政令で定めるものをいう」とある。ちなみに，この発達障害者支援法における発達障害の範囲のなかに，知的障害は含まれていない。これは，知的障害児・者の福祉に関する法律はすでに知的障害者福祉法（1960［昭和 35］年）や児童福祉法（1947［昭和 22］年）によって規定されているためである。このように，発達障害の概念を理解する際に，医学的，学術的な定義と，政策上の定義は必ずしも一致しないため，混乱する場合も多い。また，最近改訂された精神疾患の診断マニュアルである DSM-5 では，「広汎性発達障害」から「自閉症スペクトラム」に変更がなされ，自閉性障害とアスペルガー障害を区別しない形となった（森・杉山・岩田，2014）。

　これらの医学的，政策的な定義をふまえ，本章では「発達障害」を自閉症スペクトラム，学習障害（LD），注意欠陥多動性障害（ADHD）を中心として取り扱っていくこととする。本章では，まず発達障害のある子どもたちの支援の現

状について，教育および医療・福祉の視点からその外観を述べるとともに，それぞれ教育現場との関連性について述べる。さらに発達障害のある子どもの支援に関して，最近のトピックスであるインクルーシブ教育システムとキャリア教育の2点を取り上げ，今後教員に何が求められるのかについて触れる。

2. 発達障害児支援の現状

(1) 特別支援教育と発達障害児の支援
①特別支援教育の概要

「特別支援教育」は，学校教育法等の一部改正という形で2007（平成19）年4月よりスタートした。従来の「特殊教育」から「特別支援教育」に改められた経緯もふまえ，「今後の特別支援教育の在り方について（最終報告）」（2003［平成15］年3月28日，特別支援教育の在り方に関する調査研究協力者会議）を参考に，その概要を述べる。

これまでの特殊教育は，障害の種類や程度に対応して，盲・聾・養護学校や特殊学級などの教育の場を整備し，そこできめ細かな教育を効果的に行うという視点で展開されてきた。そのようななかで，近年，特殊教育（盲・聾・養護学校や特殊学級・通級指導教室における教育）を受ける児童生徒が増加傾向にあった。特殊教育の対象となる児童生徒数の推移（義務教育段階）をみると，1980（昭和55）年では義務教育を受ける児童生徒全体の1.067%であったのに対し，2002（平成14）年度においては1.477%に増加していた。加えて，通常学級においてもLD，ADHD，高機能自閉症などにより学習や生活の面で特別な教育的支援を必要とする児童生徒が増加している現状があった。2002（平成14）年に文部科学省が実施した「通常の学級に在籍する特別な教育的支援を必要とする児童生徒に関する全国実態調査」では，その調査の方法が医師等の診断を経たものでないので，直ちにこれらの障害と判断することはできないものの，行動上，あるいは学習上で特別な教育的支援を必要とする6.3%の児童生徒が，通常の学級に在籍している可能性が示された。

その一方で，盲・聾・養護学校に在籍する児童生徒の重度・重複化や，日常的に医療的ケア（治療目的の医療行為とは異なり，経管栄養や痰の吸引等，日

常的に介護として行われる行為）を必要とする児童生徒も増加していることが明らかとなってきた。このように，特別な教育的支援を必要とする児童生徒の範囲は，量的な増加に加え，多種多様な障害種により質的に複雑化していた。そのため，教育制度の見直しや指導面で高い専門性を有する人材の養成等が必要となった結果，「特別支援教育」がスタートするにいたった。

　上記のような経緯をふまえ，特別支援教育とは，「これまでの特殊教育の対象の障害だけでなく，その対象でなかったLD，ADHD，高機能自閉症も含めて障害のある児童生徒に対してその一人一人の教育的ニーズを把握し，当該児童生徒の持てる力を高め，生活や学習上の困難を改善又は克服するために，適切な教育を通じて必要な支援を行うもの」とされている。

　さらに，一人ひとりの教育的ニーズにあった支援を行うためには，学校のみならず，保護者や生活する地域の医療や福祉等との連携も必要不可欠となる。関係機関との連携を円滑に進めるために，特別支援教育では，「個別の教育支援計画」を策定することが推奨されている。個別の教育支援計画は，「障害のある児童生徒の一人一人のニーズを正確に把握し，教育の視点から適切に対応していくという考えの下，長期的な視点で乳幼児期から学校卒業後までを通じて一貫して的確な教育的支援を行う」ことを目的として作成される。これまでにも，従来の盲・聾・養護学校においては個別の指導計画を作成してきた経緯があるが，特別支援教育では，小中学校等においても，個別の指導計画に加え，個別の教育支援計画を作成することが期待されている。

　また，従来の特殊教育では，特殊教育担当の教員（例えば特殊学級の担任など）が指導の中心となっていた。しかし，特別支援教育では通常学級に在籍する児童生徒も支援の対象となるため，校内委員会を設置することで，特定の学級における教員のみならず，すべての教員が指導にあたる体制が求められている。

　これら個別の教育支援計画の作成や校内委員会の実施にあたっては，外部の関係専門機関，および学校内での教職員間における連携協力が必要であり，連携の中心を担うコーディネーター的な役割を果たす者の存在が重要となる。そのため，特別支援教育では各学校に「特別支援教育コーディネーター」を配置し，関係機関との連携のための体制を整備している。特別支援教育コーディネ

ーターは，先述した個別の教育支援計画の作成や校内委員会の実施に加え，巡回相談員や外部の専門家チームとの連絡調整や，校内で実施される教員研修の企画など，様々な場面で活躍が期待されている。

②小中学校等における支援の現状

　現在，小中学校においては，特別支援教育の対象となりうる発達障害の児童生徒（可能性がある児童生徒を含む）はどの程度在籍しているのだろうか。文部科学省（2012）による「特別支援教育の現状」（2012［平成24］年5月1日現在）によると，特別支援学級に在籍する児童生徒は164,428人で，そのうち知的障害が86,960人，自閉症・情緒障害が67,383人であり，発達障害やそれに近い児童生徒は義務教育段階の全児童生徒数の約1.48%となっている。一方，通級による指導を受けている児童生徒は71,519人で，そのうち自閉症が11,274人，LDが9,350人，ADHDが8,517人で，これらの人数をあわせると義務教育段階の全児童生徒数の約0.28%となる。加えて，2012（平成24）年に文部科学省が報告した「通常の学級に在籍する発達障害の可能性のある特別な教育的支援を必要とする児童生徒に関する調査結果」（2012［平成24］年12月5日，文部科学省初等中等教育局特別支援教育課）によると，知的発達に遅れはないものの学習面または行動面で著しい困難を示すとされた児童生徒の割合は，約6.5%と報告されている。これらの数値を合わせると，義務教育段階における児童生徒全体の約8.26%が発達障害，あるいはそれに近い状態であり，小中学校において特別支援教育の対象となりうることが推測される。

　上述した児童生徒に対する特別支援教育の体制における全国の国公私立幼稚園，小学校，中学校，高等学校での実施率について，文部科学省（2014）が実施した「特別支援教育体制整備状況調査（2013［平成25］年度）」の結果を図2-1に示す。これによると，校内委員会の設置や児童生徒の実態把握，特別支援教育コーディネーターの指名といった，校内における特別支援教育の体制づくりに関しては，概ね実施されてきていることがうかがえる。その一方で，個別の教育支援計画の作成，巡回相談や専門家チームの利用など，外部機関との連携が必要となる取り組みについては実施率が低いままとなっている。加えて，小中学校に比べ，幼稚園や高等学校における実施率は全体的に低く，今後整備

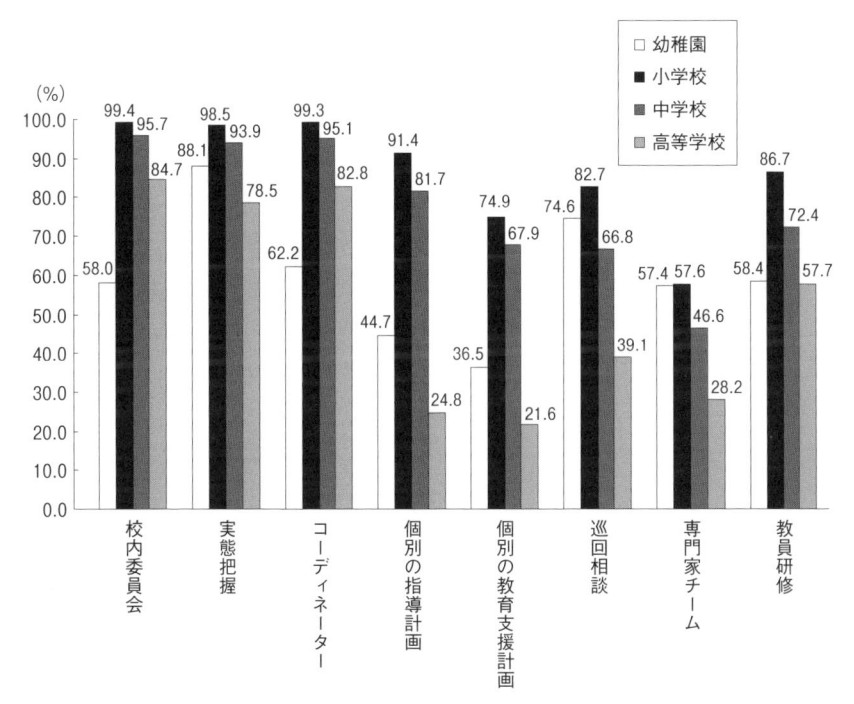

図2-1 国公私立における幼小中高別・特別支援教育体制項目別実施率
(文部科学省，2014より作成)

されていくことが課題となっている．

(2) 医療・福祉からみた発達障害児の支援

　特別支援教育は，学校内のみならず，医療や福祉など，地域に存在するあらゆる専門機関と連携を図りつつ進めることが重要であり，発達障害のある子どもの支援においても同様である．ここでは発達障害の支援にかかわる医療・保健的な側面として，専門医療機関および乳幼児健診の役割を，福祉的な側面として発達障害者支援センターの役割について述べる．

①障害の診断および早期発見

　専門医療機関の役割としては，主に障害の診断と薬物療法にかかわる事項が

挙げられる。発達障害の診断および治療には，WHOによるICD-10や，アメリカ精神医学会によるDSM-Ⅳの診断基準が用いられ[1]，児童精神科や小児神経科など専門の診療科で行われる。医療機関では問診や保護者による成育歴の聞き取りの他に，必要に応じて血液検査や染色体検査等の原因にかかわる検査，脳波等による脳機能検査，MRIやPET等による脳画像検査，発達検査や知能検査等による心理発達検査が行われる。

　発達障害の診断の経緯においては，主に当事者が直接受診するケースと，自治体によって行われる乳幼児健診からスクリーニングされるケースとがある。乳幼児健診の目的の1つは，障害の早期発見である。この早期発見という視点から考えると，それぞれの健診の時期において発達障害の発見に関して役割が異なっている。例えば1歳6ヶ月健診では，ことばの遅れや運動発達の遅れをチェックすることで，比較的重度の知的障害や自閉症が発見されるケースが多い。一方3歳児健診では，幼稚園入園など，集団参加を控えて社会性に関する相談が多い（田中・栗原・市川，2008）。しかしながら，知的障害を伴わない自閉症スペクトラム，ADHDなどの発達障害は，幼稚園等に入園して集団生活に入るようになってから，社会性や行動上のつまずきが明らかになる場合が多い。そこで最近では，幼稚園等に入園後の実施を想定した5歳児健診を行う自治体が増えつつある。

　この5歳児健診において先駆的な取り組みを実施している鳥取県では，1996年度より5歳児健診が開始され，2007年度では100%の市町村で実施されている（小枝，2010）。小枝（2010）によると，鳥取県では5歳児健診で用いる12項目の発達問診項目のうち，通過数が9以下の場合には発達の遅れの疑いがあるという基準を設定している。その結果，5歳児健診で軽度発達障害の疑いありとされる児の出現頻度は2004年度で9.3%，2005年度では9.6%であった。この出現率は，先述した文部科学省の報告による，学習面または行動面で著しい困難を示すとされた児童生徒の割合の6.5%とも類似した結果であった。このことから，5歳児健診では，学齢期における発達障害に関連した教育的ニーズをある程度予測することが可能となっていることがうかがえる。

---

1) 2014年6月に，DSM-Ⅳの改訂版であるDSM-5の日本語版が出版された。

以上のように，発達障害児の支援において，障害の早期発見・早期診断は医療的な側面として重要な役割の1つである。また，早期（小学生段階まで）に診断を受けた自閉症者の方が，診断が中学生以降であった人たちよりも成人になってからの適応が良いことも報告されている（杉山，2007）。しかし，ここで留意しなければならないのは，単に早期に診断を行えば良いということではなく，診断の後には診断内容を考慮した療育や，園や学校における支援体制が整備されていなければならないということである。診断だけがなされ，その後の支援体制がない場合，診断は子どもに対するレッテル貼りのみで終わってしまう。園や学校の関係者が医療機関における受診を勧める場合は，園や学校において適切な配慮や支援を受けることができるという，本人にとって十分なメリットが存在することが前提となる。

②薬物療法における支援

　発達障害児の支援において，医療が果たす役割のもう1つ重要なものとして挙げられるのが，薬物療法に関する事項である。代表的なものがADHDを対象とした薬物療法であるが，ADHDに限らず，不注意や衝動性，多動性等が認められる場合，自閉症等，その他の発達障害の子どもに対して同様の薬が処方される場合もある。ADHD様の症状の改善のために選択される代表的な薬としては，メチルフェニデート（コンサータ®）やアトモキセチン（ストラテラ®）が挙げられる。医療機関で処方された薬が効果を示しているかどうかを判断する際には，服薬時における家庭や学校生活での子どもの様子が重要な情報の1つとなる。その点からも，医療機関と園や学校で子どもの様子について情報交換ができるような環境を整備しておくことが，薬物療法を効果的に進めるうえでも必要となる。

　また，薬物療法に関して園や学校で留意しなければならないのは，薬物療法を選択する前，およびそれと並行して環境調整が必要であるということである。例えば，周囲の状況が気になって授業に集中できない子どもがいた場合，黒板の周辺に余計な掲示物を貼らない，席を最前列にするなど，可能な限りの環境調整を実施してもなお注意集中が困難な場合において，薬物療法が考慮されるべきである。さらに，服薬が功を奏して，いわゆる「ちゃんとしている」状態

になっているときに，周囲の人々がそのことをきちんとほめるといったことも重要である。ADHDの子どもは，その行動から周囲の人から叱責されることが多く，ほめられた経験が極端に少ない。ADHDにおける薬物療法の目的の1つは，うまくできていることを子ども自身が自覚することである。その自覚が「自分でもやればできるんだ」という自信につながり，自尊心を回復するきっかけを得ることができる。このように，薬物療法がその子どもにとって効果を示すかどうかは，医療だけでなく，教育も大きな役割を担っている。

③発達障害者支援センターの役割

　発達障害者支援センターは発達障害者支援法のなかに規定され，全国の都道府県および指定都市に設置されている。発達障害者支援センターの業務内容は発達障害者支援法第14条に規定されており，具体的な業務内容としては，発達障害児・者に対する「相談支援」「発達支援」「就労支援」ならびに医療・保健・福祉・教育等の関係機関や民間団体に対する「情報提供および研修」，およびこれらの機関との「連絡調整」が挙げられている。これらの支援内容は，発達障害児・者ならびにその家族に対し，対面して直接的に支援を行う「直接的支援」と，発達障害児・者が生活する地域で適切な支援が受けられるように地域支援体制を構築するための援助を行う「間接的支援」とに分けることができ，どちらの支援も発達障害者支援にとっては重要である。しかしながら，発達障害者支援センターは多くの都道府県や指定都市において1ヶ所のみであり，その中で県全体の利用者に対して直接的支援を行うには限界が生じてきている。そのため，今後は直接的支援を地域の関係機関に移行し，発達障害者支援センターはその地域における支援体制の調整を図ることが課題となっている（日本発達障害ネットワーク，2013）。

　乳幼児から就労までの年齢層に幅広く支援を行うことを目的としている発達障害者支援センターと，園や学校の関係としては，主に発達障害のある子どもの乳幼児期，および学齢期の支援を共に行う協働者であるということができる。加えて，特別支援教育において作成される「個別の教育支援計画」においても，発達障害者支援センターの目的と同様に，乳幼児期から学校卒業までの支援を行うために作成される。このように，園や学校においても，将来子どもが自立

するうえで今，何を支援するべきかといった長期的な視点に立って支援を行うことが求められており，発達障害者支援センターとの連携によってそれらが適切に行われることが期待される。

3. 発達障害児支援の未来

(1) インクルーシブ教育システムと発達障害児の支援
①「インクルーシブ教育システム」とは

2014年1月，日本は「障害者の権利に関する条約（障害者権利条約）」の批准書を国連に寄託した。この条約は，「障害者の人権及び基本的自由の享有を確保し，障害者の固有の尊厳の尊重を促進することを目的として，障害者の権利の実現のための措置等について定める条約」である。「インクルーシブ教育システム」は，この条約の第24条において提唱されている。「インクルーシブ教育システム」とは，「人間の多様性の尊重等の強化，障害者が精神的及び身体的な能力等を可能な最大限度まで発達させ，自由な社会に効果的に参加することを可能とするとの目的の下，障害のある者と障害のない者が共に学ぶ仕組み」であり，障害のある方が教育制度一般から排除されないことを指す。特別支援教育は，この「インクルーシブ教育システム」の構築に向けて，より充実・発展していくことが求められている。「共生社会の形成に向けたインクルーシブ教育システム構築のための特別支援教育の推進（報告）」（2012［平成24］年7月23日，初等中等教育分科会）によると，そのための方策として，特別支援教育では「合理的配慮」と「基礎的環境整備」を整えることを掲げている。

②「合理的配慮」と「基礎的環境整備」

「合理的配慮」とは，障害者権利条約第2条において「障害者が他の者と平等にすべての人権及び基本的自由を享有し，又は行使することを確保するための必要かつ適当な変更及び調整であって，特定の場合において必要とされるものであり，かつ，均衡を失した又は過度の負担を課さないもの」とされている。つまり，特別な教育的ニーズのある子どもに必要なあらゆる「配慮」が，学校（あるいは設置者）の体制や財政面などにおいて無理のない範囲で「合理的」に

表 2-1　「合理的配慮」の観点（文部科学省初等中等教育分科会, 2012）

```
1  教育内容・方法
   1-1  教育内容
        1-1-1  学習上又は生活上の困難を改善・克服するための配慮
        1-1-2  学習内容の変更・調整
   1-2  教育方法
        1-2-1  情報・コミュニケーション及び教材の配慮
        1-2-2  学習機会や体験の確保
        1-2-3  心理面・健康面の配慮

2  支援体制
   2-1  専門性のある指導体制の整備
   2-2  幼児児童生徒，教職員，保護者，地域の理解啓発を図るための配慮
   2-3  災害時等の支援体制の整備

3  施設・設備
   3-1  校内環境のバリアフリー化
   3-2  発達，障害の状態及び特性等に応じた指導ができる施設・設備の配慮
   3-3  災害時等への対応に必要な施設・設備の配慮
```

なされることを指している。この「合理的かどうか」という判断は，国や都道府県，市町村おいて行われる「基礎的環境整備」の状況によっても異なる。「共生社会の形成に向けたインクルーシブ教育システム構築のための特別支援教育の推進（報告）」（2012［平成24］年7月23日，文部科学省初等中等教育分科会）によって報告された「合理的配慮」の観点を表2-1に，「基礎的環境整備」の観点を表2-2に示す。「合理的配慮」と「基礎的環境整備」の関係性について，例えば校内に特別支援教育のための支援員を配置することは，「基礎的環境整備」（表2-2の6）に該当し，その支援員が対象となる児童生徒に対して行う，具体的な配慮や支援は「合理的配慮」（表2-1の1）に該当することとなる。

③インクルーシブ教育からみた発達障害児への支援
　知的障害を伴わない発達障害のある子どもにおいては，主に一般の幼稚園，小・中学校，高等学校における通常学級で学んでいる場合が多い。そのため，通常学級内でそれらの子どもたちの教育的ニーズに対応するには，どのような

表2-2 「基礎的環境整備」の観点（文部科学省初等中等教育分科会，2012）

1　ネットワークの形成・連続性のある多様な学びの場の活用
2　専門性のある指導体制の確保
3　個別の教育支援計画や個別の指導計画の作成等による指導
4　教材の確保
5　施設・設備の整備
6　専門性のある教員，支援員等の人的配置
7　個に応じた指導や学びの場の設定等による特別な指導
8　交流及び共同学習の推進

合理的配慮がなされるべきかについて考えていくことが課題となる。従来の特殊教育であれば，通常学級の教育システムにあわせた指導では難しいと判断された場合，その児童生徒は通級による指導や特別支援学級で個別指導を受けることが主流であった。もちろん，現在の特別支援教育においても，特別支援学校や通級による指導，および特別支援学級のシステムはインクルーシブ教育システムに反するものではなく，「教育制度一般」の中に含まれており，個々の児童生徒の教育的ニーズに対応した支援を行ううえで必要不可欠な基礎的環境整備（表2-2の7）として位置づけられている。しかし，従来からの通級による指導や特別支援学級での個別的な支援に加え，通常学級における指導においても抜本的な改革が必要となってきている。とはいえ，1学級につき30人から40人前後の児童生徒を指導するなかで，個々の教育的ニーズに対応するといった考え方については，「特定の子どもにだけ特別扱いはできない」といった思いから，教員のなかで負担感が強くなることも想定される。そのような状況において，1つの取り組みのヒントとなるのが「学習のユニバーサルデザイン」という考え方である。

　「ユニバーサルデザイン」とは，障害者権利条約の第2条において，「調整又は特別な設計を必要とすることなく，最大限可能な範囲ですべての人が使用することのできる製品，環境，計画及びサービスの設計をいう」と述べられている。これを通常学級における授業を含めたすべての学びに当てはめると，特別な教育的ニーズのある子どもも含めて，どの子どもにとってもわかりやすい授業や，過ごしやすい学習環境を提供する「学習のユニバーサルデザイン」とし

て捉えることができる。

　例えば，授業中，黒板以外の掲示物に注意が向いてしまい，授業に集中することができない児童生徒がクラスにいた場合，黒板周辺の掲示物を必要最小限にするような環境調整は，「合理的配慮」に該当する。しかしながら，その環境調整によって「合理的配慮」の対象となった児童生徒だけでなく，それ以外の児童生徒にとっても授業に集中しやすい環境となった場合，それは「学習のユニバーサルデザイン」としても捉えることができる。また，国立特別支援教育総合研究所（2014）で紹介された例では，板書の書き取りに困難を抱える高機能自閉症の児童に対する「合理的配慮」として，板書と同じ構成のプリント資料をノートに貼って授業を行っており，板書を写す箇所がわかりやすい配慮がなされていた。さらにこのプリント資料は対象となる児童のみならず，クラス全員の児童に配布しており，他の児童にもわかりやすい「学習のユニバーサルデザイン」に配慮した取り組みとなっていた。このように，「特定の子どもにだけ」といった考え方から，特別な教育的ニーズのある児童生徒に対して個別に配慮した内容が，その「他の子どもたちにとっても」有益となる場合があるというように視点を変えることによって，発達障害のある児童生徒に対して通常学級で行われる支援の可能性はより広がっていくのではないかと考える。また，先に紹介した国立特別支援教育総合研究所（2014）の事例のように，板書の書き取りに困難を抱える発達障害のある児童生徒は多く存在し，担任教員からもよく挙がってくる相談内容の1つとなっている。確かにこれまで学校の授業では，「児童生徒全員が直筆でノートをとる」ことが「基本」であり「当たり前」であった。しかしながら，このような「基本」や「当たり前」を根幹から見直してみることが今後の学校現場における支援に求められている。例えば，「板書をノートにとる」ためにすべての児童生徒にとって見やすい，あるいは視写しやすい板書になっているかどうかについて，教員は再度確認することが必要である。加えて，ノートにきれいに板書を写すことよりも優先すべき児童生徒の活動がないのかどうかなど，改めて見直してみることも必要な取り組みといえる。

　このように，インクルーシブ教育システムを構築するには，通常学級における授業や活動のあり方を根本的に見直すことが重要となる。しかしながら，特

定の子どもに対する「合理的配慮」がすべて「学びのユニバーサルデザイン」につながる訳ではないことにも留意しておく必要がある。発達障害のある子どもの教育的ニーズは様々であり，ユニバーサルデザインの視点によって改善されるものもあるが，それ以上の配慮によって満たされるニーズも存在する。そのような場合は，「基礎的環境整備」として用意されている特別支援員の制度や，通級による指導，特別支援学級などの資源を活用していくこととなる。重要なのは，すべての特別な教育的ニーズを通常学級で満たすことではなく，通常学級における支援を基本に置きながら，その支援がより効果的となるために，その他の学びの場や制度が有機的につながっていくことで，最終的に子ども一人ひとりの「できた」「わかった」という経験が最大限保障されることにある。

(2) 発達障害児におけるキャリア教育

「初等中等教育と高等教育との接続の改善について（答申）」(1999 [平成 11] 年 12 月 16 日，文部省中央教育審議会) 以降，学校教育におけるキャリア教育に関するあらゆる施策が進められてきた。また，特別支援教育においても，特別支援学校高等部学習指導要領 (2009 [平成 21] 年 3 月告示) に「キャリア教育」の文言が明記されて以降，キャリア教育に視点をおいた教育課程や指導内容についての実践が進められている。とりわけ，特別支援教育の対象となる児童生徒におけるキャリア教育に関しては，障害の程度や重複の有無など，その実態が多岐にわたる。そのため，キャリア教育は単なる職業や進路など，いわゆる狭義のキャリアに関する内容だけでなく，人生全体を見通したライフキャリアを支援することに重点をおいた取り組みが，学校における教育活動全体のなかで行われる形で進められている。

松為 (2010) は，「特別支援教育の対象となる児童生徒におけるキャリア教育では，ライフキャリアを通して遭遇する可能性のある多様な役割を視野に入れつつ，職業人としての役割が機能できるように支援することが求められている」と述べている。そのような支援を行うために，障害のある児童生徒個人の能力特性を 4 層からなる階層として捉えている（図 2-2)。これらの能力は，幼少期からの様々な経験や学習を通じて獲得されていくものであるが，障害のある児童生徒においては，定型発達の児童生徒らと比べて経験が制約されがちに

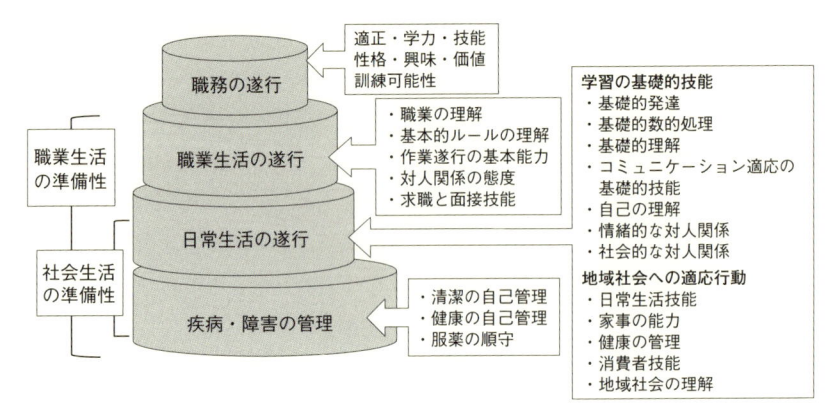

図 2-2　特別支援教育の対象児童生徒における個人特性の階層構造とキャリア教育の支援のあり方
(松為，2010 を一部改編)

なる。そのため結果的に職務の遂行に必要な諸能力が不十分なままに成長してしまうことが危惧される。したがって，キャリア教育の目標達成にあたっては，修学期間全体を通してこれらの諸能力を系統的に学習することが必要となる（松為，2010）。

　これらをふまえて，発達障害のある子どもたちのライフキャリアの支援に関して，学校教育では何ができるであろうか。本田・日戸（2013）は，アスペルガー症候群のある子どものキャリア教育において思春期になる前に取り組みたいこととして，「心の健康」「自信と現実感の得られる生活環境づくり」「合意の習慣を通じた自律と社会性の育成」の3つを挙げている。とりわけ好きなものや得意なものを十分できる環境を保障して自信をつけること，そして「合意の習慣」を身に着けることが重要であると述べている。

　アスペルガー症候群の子どもたちに限らず，他の発達障害のある子どもたちにおいても，好きなことや得意なことを見つけることは，キャリア教育において有効に機能すると思われる。好きなことや得意なことは，図 2-2 の「職務の遂行」につながる可能性が高く，進路を決定するうえでも重要な要素となりうる。また，学校や職場で嫌なことがあったとしても，好きなことをしてストレスを発散することは，先に述べた「心の健康」にもつながる。一方で，好きなことをやりたい放題にするのではなく，ある一定の規則やルールに従って行う

ことで，規則に従うといった社会性を促すきっかけにもなる。また，得意なものを活かして家庭内や学級内における役割を与えることにより，「自分が楽しい」ことに加え，「誰かの役に立つという充実感」を得ることできる。例えば，動物が好きな子どもに対して，「いきもの係」を任命し，毎日のえさやり等を任せることで，学級の一員としての自分を実感することができる。このことは図2-2における「社会的な対人関係」の育成につながる。

「合意の習慣」とは，相手からの指示や命令に一方的に従わせない，しかし自分のやりたい放題にもさせないために必要な習慣である（本田・日戸，2013）。他者の視点に立つことが難しい発達障害のある子どもたちは，自分の主張を押し付けてトラブルになるといった例が多い。そのため，教員はまず，発達障害のある子どもの合意が得やすいような条件を提示したり，子ども同士の話し合いにおいて両者が納得しやすい条件を提案するなどしていわば「調整役」にまわると良い。このようにして「合意の習慣」を身につけることは図2-2における「コミュニケーション適応の基礎的技能」や「対人関係の態度」を促すことにもつながることが期待される。

4. 今，何を準備すべきか

(1) 教育活動における実践と評価における視点の転換

これからの学校教育は，インクルーシブ教育システムの推進に伴い，定型発達の子どもたちを主眼においた支援から，発達障害のある子どもも，そうでない子どもも包括した支援のあり方への転換が求められている。また，キャリア教育の推進からは，教育活動において個々の子どもたちのライフキャリアを見通した支援の視点（意味づけ）が求められている。このような教育における視点の転換に伴い，それぞれの授業を含めた教育活動における評価の観点を見直すことが必要となる。すなわち，「できた」「できない」といった2択的な評価のみならず，「このような援助があれば可能である」といった評価のあり方についても，さらなる検討が必要となるであろう。

(2) 学校内外における連携の推進

　発達障害のある子どもに対するキャリア教育の推進にあたっては，個々の子どもたちのライフスパンを見通した支援が必要となる。その観点からも，乳幼児期から学校卒業後までの支援を見通した「個別の教育支援計画」の作成が重要となってくる。個別の教育支援計画は，学校のみならず，家庭や福祉，医療など他機関との連携により作成されるため，それらの機関との連携が必須となる。さらに，インクルーシブ教育の推進においても，様々な学校内外のリソース（地域にある特別支援学校や，校内の特別支援学級など）との連携が成功の鍵となる。そのため，これからの教員には，様々な機関や関係者と「つながる」ことが求められることとなる。その連携のシステムの部分，いわゆるハードの側面は，特別支援教育の充実により整備されてきているが，そこで有機的につながる，いわゆるソフトの側面がこれからの課題となる。そのようなソフトの側面における課題をクリアするためにも，仲介役となりうる特別支援教育コーディネーターや，発達障害者支援センターの果たす役割は大きい。お互いの職種の専門性を理解し尊重しながらチームで支援を進めることが，発達障害のある子どもたちの支援において重要となるであろう。

■ 引用文献

本田秀夫・日戸由刈（編著）　2013　アスペルガー症候群のある子どものための新キャリア教育．金子書房．
小枝達也．2010　早期（適正）発見と5歳児健診．東条吉邦・大六一志・丹野義彦（編）発達障害の臨床心理学．東京大学出版会．pp. 271-280.
国立特別支援教育総合研究所．2014　共に学びあうインクルーシブ教育システム構築に向けた児童生徒への配慮・指導事例．ジアース教育新社．
松為信雄．2010　職業リハビリテーションの立場から，特別支援教育への期待．全国特別支援学校知的障害教育校長会（編著）　特別支援教育のためのキャリア教育の手引き―特別支援教育とキャリア発達―．ジアース教育新社．pp. 22-25.
文部科学省．2002　「通常の学級に在籍する特別な教育的支援を必要とする児童生徒に関する全国実態調査」調査結果．
文部科学省．2012　特別支援教育について．2.特別支援教育の現状．平成24年5月1日<http://www.mext.go.jp/a_menu/shotou/tokubetu/002.htm>（2014年5月4日）
文部科学省．2014　特別支援教育体制整備状況調査（平成25年度）．
文部科学省初等中等教育分科会．2012　共生社会の形成に向けたインクルーシブ教育シ

ステム構築のための特別支援教育の推進（報告）.
文部科学省初等中等教育局特別支援教育課. 2012 通常の学級に在籍する発達障害の可能性のある特別な教育的支援を必要とする児童生徒に関する調査結果.
文部省中央教育審議会. 1999 初等中等教育と高等教育との接続の改善について（答申）.
森則夫・杉山登志郎・岩田泰秀（編著） 2014 臨床家のためのDSM-5虎の巻. 日本評論社.
日本発達障害ネットワーク. 2013 発達障害者支援センター運営マニュアル.
杉山登志郎. 2007 発達障害の子どもたち. 講談社.
田中千穂子・栗原はるみ・市川奈緒子（編） 2008 発達障害の心理臨床. 有斐閣.
特別支援教育の在り方に関する調査研究協力者会議. 2003 今後の特別支援教育の在り方について（最終報告）.

第3章

創造性研究からみたキャリア教育の問題点

　キャリア教育という言葉は，従来の学校種間，あるいは学校と労働市場の接続を図るための「進路指導」「職業教育」とは異なり，対象年齢が広く，単純に「就職」を目標とするのではない。教育政策として「キャリア教育」が最初に登場したのは中教審答申「初等中等教育と高等教育との接続の改善について」(1999（平成11）年12月）であった（国立教育政策研究所生徒指導・進路指導研究センター，2012，2013）。そこから2008（平成20）年の幼稚園教育要領，初等中等教育の学習指導要領改訂を経て，2011（平成23）年1月にキャリア教育の実践における方向性を定めた中教審答申「今後の学校におけるキャリア教育・職業教育の在り方について（答申）」（中央教育審議会，2012）が出された。

　この答申では，①幼児期の教育から高等教育まで，キャリア教育が体系的になされること，②「実社会で役立つ」ための能力観，③一人ひとりの社会的・職業的自立を目標とすること，の3点がこれまでの答申と比べて明確になっている。この3点は，新卒時の「出口」としての就職だけでなく，生涯学習を通じた「ライフプランニング」という方向性と馴染みがよい。今回の答申ではその背景として，若者の完全失業率，非正規雇用率の高さ，無業者（15-34歳までの家事も通学もしていない若年無業者は約63万人（2009年））の多さと同時に，早期離職者（3年以内離職者中卒65％，高卒40％，大卒31％，短大卒41％（2007年））の存在がクローズアップされている。「学校から社会・職業への移行」が円滑に行われないだけでなく，「就職しても仕事が続かない」若者がフリーター・ニートになっていく傾向も含めた対応策が必要だったのである。よって「基礎的・汎用的能力」の育成を目指し，社会性の発達にとって重要な幼児期から一人ひとりが社会的・職業的に自立するまで，学校教育のなかで体系的に扱っていく内容となっている。

この章では，まず現行のキャリア教育で求められる能力と，その育成方法と問題点についてまとめる。次に，キャリア教育と接続性がある創造性理論モデルを通じて，保育・教育現場で今日多くみられる「教育のアウトソーシング」傾向を取り上げ，その問題点を考える。

1. 進路指導・職業教育からキャリア教育への移行

　キャリア教育と就職をゴールとした職業教育とは何が違うのだろうか。中西（1995）は，ドナルド・スーパーが招待講演で述べたキャリアと業務（occupation）の区別を次のように紹介している。「業務とは同様な職務（jobs）を果している課題（task）」で狭義の仕事や職業を指す。それに対して，キャリアは「人々が生涯において追求し，占めている地位（position），職務，業務の系列」であり，仕事や職業以外の社会的役割，例えば家庭人，市民，学習者（学生），余暇人としての役割を総合的に含む。

　進路指導は次の学校期あるいは社会への移行を促すのだが，それは自分の次の居場所を決定するように促すことである。そして職業教育は，進路指導の最終目標である経済的・社会的自立のための「就職」，つまりある業務をこなすことによって雇用（employment）される職業人に育てることである。これまでの学校教育のなかで，学校に所属する子どもを社会で働くおとなへとつなぐ教育は，進路指導であり，職業教育であった。その役割がキャリア教育へと移行することによって，子どもに育まれる，あるいは育もうとしている能力は変わっているのだろうか。

　職業教育および進路指導からキャリア教育への移行は，教育で育む能力の修正を伴う。2002（平成14）年11月国立教育政策研究所生徒指導研究センターによる調査研究報告書「児童生徒の職業観・勤労観を育む教育の推進について」において提唱・開発された「4領域8能力」[1]が，これまでの職業教育およ

　1）「4領域8能力」とは，次の4つの能力領域とそれを構成する各2つの能力によって編成されている。①人間関係形成能力（自他の理解能力，コミュニケーション能力），②情報活用能力（情報収集・探索能力，職業理解能力），③将来設計能力（役割把握・認識能力，計画実行能力），④意思決定能力（選択能力，課題解決能力）。

1. 進路指導・職業教育からキャリア教育への移行　39

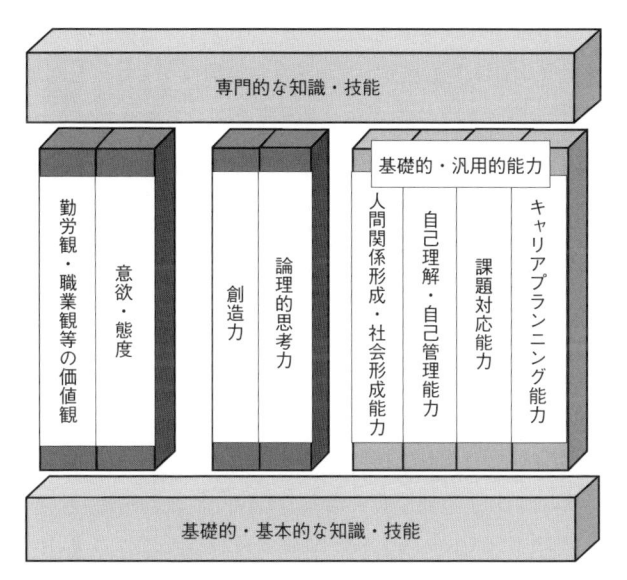

図 3-1　社会的・職業的自立，社会・職業への円滑な移行に必要な力
（中央教育審議会平成 23 年 1 月 31 日答申より作成）

図の構成：
- 上部の梁：専門的な知識・技能
- 下部の梁：基礎的・基本的な知識・技能
- 左側の柱（2本）：勤労観・職業観等の価値観／意欲・態度
- 中央の柱（2本）：創造力／論理的思考力
- 右側の柱群（基礎的・汎用的能力）：人間関係形成・社会形成能力／自己理解・自己管理能力／課題対応能力／キャリアプランニング能力

び進路指導の育成目標であった。しかしこの育成目標を掲げたことで，「学ぶこと・働くこと」のための諸能力が実践のなかで曲解される結果となった。例えば情報活用能力が国語の教科書に書かれた文章から情報を取り入れることに，将来設計能力が学習の見通しを立てることとして位置づけられるような曲解に基づく指導が行われたという（国立教育政策研究所生徒指導・進路指導研究センター，2013）。「4 領域 8 能力」後，就職への移行期のみを対象とした「社会人基礎力」や「就職基礎能力」などの能力観が提示された。

　今回の答申で示された能力は，キャリア教育を中心としつつも学校教育全体を通じて育成すべき「基礎的・汎用的能力」である。図 3-1 は社会的・職業的自立および学校から職場への移行に必要な能力の要素を示した図であるが，そのうち「基礎的・汎用的能力」はキャリア教育によって確実に育成されなければならないとされている。「基礎的・汎用的能力」は「4 領域 8 能力」と比べると，「自己管理能力」（忍耐力，ストレスマネジメント）を新たに加えたことと「課題対応能力」の強調が特徴となっている。キャリア教育がこれまでの職業

教育および進路指導と比べて，職業に就く時点だけを目指しているわけではないことが，育成する能力に表れている。「自己管理能力」とされる忍耐力，ストレスマネジメントの能力は，職に就く際だけに必要とされる能力ではない。元来 work という言葉が「痛みと関連する究極の努力」を意味すること（Cairns & Malloch, 2011）に示されているように，働くことは歴史的に「辛く」「耐える」ことが必要な営みなのである。この視点にたてば，「自己管理能力」は就職してから後，退職せずに働き続けるために必要な能力なのである。また時代やニーズの変化に伴い新たな課題が生じたときに必要な能力は「課題対応能力」である。これも就職時だけではなく，時間的に長期にわたる職業生活のなかで必要とされる能力である。

　キャリア教育という言葉の使用により，生涯にわたるライフプランニングの方向性を打ち出しつつ，育成する能力としては「社会人基礎力」に寄る方向で今回の答申が整理されていることは，学校教育が「実社会で役立つ」という価値を重視していることの表れではないだろうか。

2. 日本型キャリア教育に欠けている要素

　今回の答申では，幼児期からキャリア教育を体系的に行うと明記された。幼児期には「人と関わることの楽しさ，人の役に立つ喜びを味わうこと」が目指されるが，これは現行の幼稚園教育要領の「人間関係」領域の目標と重なっている。つまり，幼児教育においては既存の指導計画で十分対応できる内容となっている。同様に初等教育においても，社会性，自主性・自立性，関心・意欲等を養うこと，集団宿泊活動などを通じて，皆のために働くことの意義の理解，自分の役割を主体的に果たそうとする態度の育成を目指すので，既存の指導要領の範囲内でキャリア教育が可能である。幼児期，児童期においては，学校に通い集団生活を送るなかで育まれる能力は集団への適応と社会性の涵養が主なので，改めてキャリア教育のための活動を設定しなくてもキャリア教育が成立してしまう。

　それに対して中等教育では，中心となるのは職場体験活動であり，社会における自分の役割，将来の生き方働き方についてしっかりと考えさせることが目

指される。しかし，キャリア教育の「中心となる」職場体験活動であるが，その運営は既存の学校システムのまま行われている。諸富（2007）は様々な職場体験学習の実践を紹介しているが，地域の協力を得ること，受け入れ先の確保，事前指導時の教材開発など，教員に創意工夫が求められると同時に，職場体験学習を成立させるための業務の多さが目立つ。教員自身が通常の教科教育と生徒指導のうえに，職場体験学習の準備・運営に費やす時間の確保と，地域連携により学外での活動を設定することによる安全管理など新たな業務が増えることで，どのくらい負担が増しているのだろうか。教員の業務を整理・検討し，職場体験活動のための新たな運営システムを導入するべきである。

　レンズーリ（Renzulli, 2001/ 邦訳, 2001）は，SEM（school-wide enrichment model）という学校全体の改善を伴う才能教育実践を開発・実施した。才能教育のなかでも，拡充（enrichment）と呼ばれる「学習を広く深く個性化する」方向を打ち出すことで，一部の優秀な子どものための才能教育ではなく，すべての子どもの潜在能力を引き出し個々の長所に合わせた個別のカリキュラムを提供する才能教育を実施した。子どもの興味関心をポートフォリオ評価によって見つけ出し，既存カリキュラムでその子が「習得済み」の部分は切り取り，その時間を学外の専門家と連携した「本物の学習」（実社会における学習）や，興味関心ごとにグルーピングされ継続して課題に取り組む「拡充クラスター」の活動にあてる。こうした「個性化」したカリキュラムを実施するために，「拡充専門教師」[2]と呼ばれるコーディネーターが配置され，子どもが学校外の活動に参加するための送迎には保護者のボランティアが組織されている。「拡充専門教師」にあたる，生徒個々の志望に合わせた授業のコーディネートを専門に担当する教員が配置され，クラス担任と連携をとる体制ができること，また学校外での活動への安全管理担当も含めた支援者が確保されることは，職場体験学習をキャリア教育の中心とするならば，不可欠であろう。

　この点について，今回の答申では，次のように書かれている。「さらに，学校と企業等との調整（コーディネート）を図る人材として，例えば中学校や高

---

　[2] 拡充専門教師は，教員資格だけでなく拡充専門教師になるための州の試験にパスしなければならない。また大学院での単位履修も必要となる。

等学校に担当する教職員を配置することや教育センターや教育事務所等に専任の職員を配置すること【中略】により，学校外の教育資源との連携・協力に対する助言や，具体的な調整を図ることができると考えられる。実際に，教育委員会が企業関係者等に委嘱して学校に派遣したり，あるいは，キャリア教育に関する支援員として学校に配置したりして，これらの人材が就業体験活動の受入先の調整等を行なうといった事例が見られており，このような取組が一層推進されることが望まれる」（中央教育審議会，2012）。この指摘が上記 SEM の「拡充専門教師」の配置と異なり問題なのは，企業関係者といった学校外の人材を充てにしていることであり，キャリア教育のためのコーディネート能力を表す専門資格制度[3]に支えられた教員を配置することを想定していないことにある。企業等においても，景気変動への対応として非常勤率が高い状況において，学校に人材を派遣する余裕があるとは考え難い。学校と連携することに企業側のメリットがある場合ならともかく，企業の地域貢献として学校のキャリア教育に関わる人材の派遣を期待するのは厳しいだろう。

　職場体験学習は実際のところ，受け入れ先の確保が困難であること，安全管理上受け入れ先を限定せざるをえないことなどから，生徒個々の志望職種に完全に対応することは無理であり，現実的には複数名のグループを作って，いくつかの職場に振り分けて行われることが多い。その結果，中学校での職場体験学習では，時間厳守，挨拶，掃除といったどの職種にも普遍的な内容によって「職業観」を育成するという図式になっている。下村（2009）は「仮に掃除であっても，実際に大人が働いている現実の職場で，何かまとまった作業を任されることが重要」なのだという。こうした「領域普遍な」学習内容がキャリア教育の中心であるのが実態である。せめて体験学習をした職場の業種と業務内容，その職場で働くために必要な能力，その能力が保持されていることを表す資格の名称，資格を取得するための方法と進路などについて報告できるようにするとともに，最低限「では，今，何を学ぶべきか」について考察することを設定しなければ，特定の職場で数日間にわたって過ごす意味がないだろう。

---

　3) アメリカでは州独自の政策として，才能教育教師の専門資格制度を導入している州がある。ミズーリ州とニューヨーク州の資格要件については，夏堀（2005a）参照。

ここまでで指摘した問題点をまとめると次の3点になる。

① 職場体験学習専門の教員や，学校外の生徒の安全管理を担当する地域の協力者が配置されておらず，担当教員の負担が大きい。
② 生徒個々の志望職種に対応しきれない。
③ 生徒が体験学習を行った職場独自の「職業観」が形成されない。

しかしさらに問題なのは，次の点にある。それは，「今すでにある職場」で「すでにある職業・職種・業務内容」によって「職業観」を形成してしまうことである。つまり，「エンプロイアビリティ」（雇用に値する能力）の獲得がキャリア教育の前提にある。しかし，ライフプランニングの視点を取り入れ，生涯学習としてのキャリア教育を想定しながら，既存の職場に雇用されるための能力形成だけで十分であるはずがない。なぜなら，職場体験学習を最初に行う中学生が実社会に出るのは，大卒での就職としたならば，7，8年は先のことになる。地元の工場での職場体験から工場責任者になることを志望したとしても，その生徒が就職活動をする頃には工場が海外移転をし，工場での仕事が現地の安い労働力で賄われてしまっていたということもある。生徒が実際に社会に出る時点での産業構造を見越して，職場体験学習を構成することなど不可能である。この不可能さが，「領域普遍」な学習内容の習得を目指すことにつながっているし，キャリア教育専門の教師を養成し配置することの困難につながっているとも言えるのではないだろうか。そして，変化が生じていたとしても，今回の答申が目指す能力のもう1つの変更点である「課題対応能力」が育まれていれば，キャリア選択時にも柔軟な対応が可能となるので，「領域普遍」で予測不可能なキャリア教育であっても，実施する価値は十分にあるということなのだろう。

先の諸富（2007）でも1事例紹介されているが，「エンプロイアビリティー」を前提としないキャリア教育の方法がある。それが「キャリア・アントレプレナーシップ教育」（起業家教育）である。日本でも地域の活性化のためのイベント企画や特産品を使った商品開発，地元をアピールするためのキャラクター作成や観光ルートの開発など，実際に自分たちで企画・開発したもので地域の経

済活動に参入する学習が総合的学習などの授業科目で取り入れられている。高乗（2008）によれば，イギリスのキャリア教育は「エンプロイアビリティー」の向上を中心としつつも，同時に「アントレプレナーシップ（起業家精神）」も重要な要素となっている。キャリア教育の中心となるのはキーステージ4にあたる4，5年生（14，15歳）である。「仕事関連学習（Work Related Learning）」が必修科目となっており，この科目の目的は次の5つの力の獲得にあるという。

①学問や職業に対する潜在的な能力を開花させること。
②学んだことを仕事の場に応用すること。
③仕事の場で必要な技能・態度・行動（安全確保に必要なことを含む）を身につけること。
④積極性を身につけ，他人の積極的な取り組みを支援すること。
⑤おとなとして円満でバランスの取れた生活を送るための技能，知識，理解と意欲を醸成すること。

上記①は先のレンズーリ（2001）のSEMによる才能教育と同じ目標であるし，②と④は今回の答申の能力観で言えば「創造力」に対応するものであるかもしれないが，このような具体的な記述にはなっていない。「キャリア・アントレプレナーシップ教育」は，将来ベンチャー企業を立ち上げようとするための能力を養成しているのではなく，誰でも予測不能な将来に対しても積極的に乗り越えていける自信やチャレンジ精神と「課題対応能力」，そして「創造力」を養成するための教育方法である。

3. 創造性理論から考えるキャリア教育

キャリア教育の目標が職に就くまでの支援ではなく，その後の良き人生を職業も含めてプランニングでき，実践していくことにあるとするなら，キャリア教育の内容に「仕事に生きがいを感じる」ための要素が盛り込まれてもよいはずである。先に，workという言葉が「痛みと関連する究極の努力」を意味する（Cairns & Malloch, 2011）ので，働くことに「辛く」ても「耐える」能力であ

る「自己管理能力」が育成される能力として掲げられていることは述べた。しかし，働くことには経済的な理由だけではないポジティブな価値もある。そのポジティブな内容に対応する能力とは，今回の答申の能力観では「創造力」としてまとめられているのだろう。ここではこの「創造力」育成のためのヒントをキャリア研究へと発展した創造性研究から導き出す。そして，キャリア教育が職場や専門家に「丸投げ」になってしまわないように，キャリア教育のアウトソーシング化についても批判的に検討する。

(1) 働くことと「楽しさ」

「創造力は変化の激しい社会において，自ら新たな社会を創造・構築していくために必要である」（中央教育審議会，2012）というのが，今回の答申における「創造力」の説明である。心理学において創造性研究は数限りなくあり，創造性の捉え方も千差万別であるが，創造性が何か新しいものを創りだすことに必要な一連のシステム[4]であるとするなら，「創造力」はそのシステムのなかの個人がもつ能力として位置づけられる。このシステムモデルに基づく創造性観を提唱したのがミハリィ・チクセントミハイ（Csikszentmihalyi, 1988, 1999）であり，そのモデルを支持したハワード・ガードナー（Gardner, 1993），そしてウィリアム・デーモンの3名が中心となったのが「ビジネスにおけるグッドワークプロジェクト」である（Csikszentmihalyi, 2004）。このプロジェクトは，ビジネスリーダー39名へのインタビュー調査，バイオグラフィーや書籍などの分析を通じて，グッドビジネスの原則を導きだした。

リーダーの原則，組織行動の原則，仕事の本質の原則の3原則は，どれもポジティブな価値で描かれている。組織行動の原則である「信頼」の構築には，「フロー[5]のための機会の提供」という要素が含まれている。「フロー」とは，余暇であれ仕事であれ，それをすること自体が報酬となる自己目的的活動に従事している人が味わう「没頭・没入」経験のことで，この経験は深い楽しみや喜びを伴う。フローのための機会が提供されているということは，仕事が

---

4) 創造性のシステムモデルであるチクセントミハイのDIFIモデルについては，夏堀（2005b）参照。
5) フロー理論の詳細については，山本（2011）を参照。

リーダーの原則； **自己を超えた ビジョン**	・ベストを尽くす ・人を助けること ・よりよい社会を築く　という3つの使命
組織行動の原則； **信頼**	・尊敬から生じる ・そのメンバーの個人的成長に関心がある ・フローのための機会の提供
仕事の本質の原則； **人を助けるもの を提供**	・商品やサービスが人を幸福にするか ・生活の質の改善にビジネスの利益を使用

図 3-2　グッドビジネスの原則（Csikszentmihalyi, 2004 より作成）

「誰か」や「何か」のためでなく，仕事すること自体に自分の目的を見いだすような機会が与えられ，その仕事に没入できるということである。単なる生活手段として時間を切り売りする労働観とは，かけ離れたものである。また，フローが生じるためにはチャレンジ（課題）と自分がもっているスキル（能力・技術）間で主観的にバランスが取れた状態にあることが必要とされる。ここでのポイントは，あくまで「主観的」にバランスが取れていることである。例えば，周囲のおとなが「子どもには無理」と判断するような内容でも，子どもが「主観的」に「できそうだ」という感覚を有していれば，その子どもはフローを感じる可能性があるということである。しかし，実際の具体的な職業生活ではフローが生じるための条件というのが存在する可能性がある。

　山本・坂井（2011）は，2,174 名の保育士を対象に実施した調査のなかで，他園の見学や交流保育の実施，研究大会や公開保育などの準備などの「対外的な業務」，他の職員と子どもの対応について話し合う，送迎時に保護者と話すといった「同僚や保護者とのコミュニケーション」，指導案の作成，保育記録の作成といった「クラス担任の業務」は，職歴 15 年以上の正規雇用者にフローを生じさせやすいことを示した。非正規雇用者では職歴 5 年未満だけがフローを感じるが，それ以降は低下する傾向にあった。食事，排泄，衣類の着脱といった生活習慣の援助など「日常的な活動業務」におけるフローの生じ方は，雇用形態やキャリアによる差はみられなかった。この結果から，保育士の場合「園を

代表する」あるいは「専門職として対応する」業務にフローが生じるためには，ある程度のキャリアと，正規雇用という将来を展望できる職場内のポジションが確保されていることが必要であることがわかった。

業務内容によって，「フロー」が生じるキャリア層が異なるということは，「今，苦しくても○年経てば，それが楽しくなる」可能性を示している。こうした「キャリアの見通し」を職場学習体験の事後指導で積極的に取り入れると，忍耐力，ストレスマネジメントといった「自己管理能力」の育成においても，「今後楽しくなる可能性」を示すというポジティブな側面が強調されるようになるのではないだろうか。また，「キャリアの見通し」の重要性を生徒が認識することは，「就職後すぐの退職」の抑制や正規雇用を目指して努力することへの動機づけとなるだろう。したがって職場体験学習時には，特定の職場体験担当者だけでなく，さまざまなキャリア層の職員に「仕事の喜び・楽しみ」が見いだせる業務内容を，参加生徒自身が具体的に聞き出す課題とともに，学校に戻ってからは職業ごとにキャリア層による変化を見いだすような分析作業を課すと，「キャリアの見通し」を得るのに効果的なのではないだろうか。

(2) 教育のアウトソーシング化の問題点

チクセントミハイ（Csikszentmihalyi, 1988, 1999）の創造性のシステムモデルでは，ある個人が何らかのアウトプットをして，その専門領域の評価の場（＝field）で評価されたときに，創造的になりうる。例えば，自分が鑑賞するためだけの作品づくりは創造的活動ではない。専門家の評価を必要とするのである。この点で，創造性が職業的な専門性と結びついて，グッドワークプロジェクトへと発展していく。キャリア教育も，本来は職業的専門性に基づいて自分の適性を見極めることが必要であり，職場体験学習も含めて職業的専門家のもとで指導を受けることが必要になる。

しかし同時に，連続して生徒の職業意識や職業観の変化に寄り添い，家庭の事情と職業・進路選択間の調停をしつつ，生徒が前向きに職業や自分の人生について取り組めるよう支援する役割が必要である。生徒が学校外の活動で体験した職業的専門性の内容や，その体験によって獲得した自己評価を体系的に把握するのは教師の役割である。おそらく職場体験学習の設定など専門家と生徒

を「つなぐ」ことばかりに目がいきがちであるが，大事なのは上記のような生徒のなかで生じた変化をしっかりと体系的に把握することである。

「開かれた学校」の名のもとに，地域の専門家との連携が推奨される傾向は，同時に1人ひとりの子どもを常に見守る大人の不在につながる。現在，定員割れが頻繁に見られる幼稚園業界では，入園児獲得のために，スポーツクラブのバスが園舎に横付けされそのまま子どもたちをスイミングクラブへと連れていく，ネイティブによる英会話の指導が組み込まれているといった「教育のアウトソーシング（外注）化」が頻繁に見られる。さらにオプションによる部分的導入だけでなく，教育学者や素人が開発し教材会社が販売する「○○メソッド」を取り入れていることを「売り」にしている国内メソッド型（鶴谷，2014）の幼稚園もある。この教育のアウトソーシング化は，幼児の生活のなかで細分化された活動時間によって，側にいて自分を見守ってくれる大人がめまぐるしく変わっていく状況を作り出している。子どもが親以外の特定の大人との間に十分な愛着形成ができない環境は，子どもの社会性の発達に弊害をもたらし，親にとっても自分の子どもを見守ってくれる他者の不在が孤立感や子育て不安をもたらすことが危惧される。

創造性の理論から言えば，職業的専門性のもとで自己評価を行うことは不可欠である。しかし，学校のなかでそれを設定していけば，職場体験学習や外部講師に頼らざるをえない。そのときに教師は何をすべきか。第1に，体系的に一人ひとりの生徒が体験し考えた内容を蓄積するツールを開発することである。いわゆるポートフォリオ評価であるが，蓄積したものを分析することを前提に評価の仕組みをデザインすることが重要であろう。第2に，その蓄積をふまえて，「今，何をすべきか」「次に何をすべきか」を生徒に考えさせる機会を継続的にもつことである。生徒の体験の内容は様々でも，一貫して自分の学びを把握してくれている教師の存在は，ライフプランニングという生徒自身にとって「重い」行為を支えてくれることになる。

4．今，何を準備すべきか

まず，今回の答申で幼児期から生涯教育につながるようなキャリア教育が想

定されていることに注目すると，1つは学校種間の移行があっても，継続的なキャリア指導が可能になるようなシステムを作ることが重要になる。キャリア教育に関して言えば，保幼小連携，小中連携，中高連携のようにいずれか1つの接続期の問題ではない。学校種間の情報共有ができるキャリア・ポートフォリオのような新しいシステムを作ることも必要だが，少なくとも指導要録の引き継ぎの際に，学力や態度だけでなく，個々人の将来展望についての情報も盛り込むことは始められるだろう。

次に，キャリア教育は学校の問題だけでなく，地域の将来の問題でもある。地域の行政や産業界，保護者も巻き込んで，キャリア教育としてどのような実践が実現可能なのか，教育効果として何が生じているのか，学校だけでは負いきれない問題は何なのか，正規雇用のためにはどのような条件が求められているか，職場と労働者双方にとっての正規雇用のメリットは何かといった情報を共有できる場をもてると，学校だけでなく参加者全体に利益があるような方向に進めるのではないか。キャリア教育の失敗は，地方自治体の財政難，少子化・非婚化，地域の人口減少といった問題につながることを広く周知する機会も必要だろう。なぜなら，キャリア教育は学校内だけでは決して成立しえないからである。体験学習の場の提供や地域産業の紹介も含めて，地域の大人たちの積極的関与が求められるのである。

最後に，教員は生徒が職業に関して，非常に狭い選択肢しかもちえていないことに敏感になる必要がある。「将来何になりたいのか」というおとなからの質問は，「何かになる」まで幼児期から繰り返しされるのである。ゴットフレドソン（Gottfredson, 2005）の「制限と妥協」理論（Theory of Circumscription and Compromise）では，3歳頃から職業選択は開始され，それは「制限」のプロセス，言い換えると自己概念と葛藤する職業選択肢の排除として始まるとされている。この理論では，認知発達が不十分な子どもであっても，生得的な指針をもっていて，それに従い「受け入れられる選択肢」と「受け入れられない選択肢」を区別し，後者を排除していくのだと考えられている。またどのような社会的出自の子どもであっても青年期までに本質的に同じ職業観をもち，おとなと同様，主に2つの次元で職業を区別する。その2つの次元とは，①男性性−女性性，②相対的な社会的望ましさ（名声のレベル）である。またその職

業従事者特有のパーソナリティ，例えば先生＝まじめで堅苦しい，保育士＝やさしい，トラックの運転手＝荒々しいといった同じステレオタイプを共有するようになる。しかし，同じ職業認識であるにもかかわらず，彼らの志望する職業はほとんど親世代の階級と性に基づく違いを再生産し，職業選択に際しほとんどの人が自分の職業認識に基づく選択をしないという。なぜ認識と矛盾しつつこのような選択の「制限」につながるのか。それは，次の3つの「妥協」につながる要因によるとされる。

①職業探索が自分の現在の社会的スペースとこれまでの経験に限られて行われることと，それによって限られた知識しか得られないこと
②職業のアクセス可能性を広げるには，十分な経済的投資が必要であること
③「これで十分」と「そんなに悪くない」という心理的な消極性が現実的な志望を形成すること

　この理論による説明では，いくら職業認識を培っても，職業選択は「制限」されることになるように思われる。教師は「何もしなければ」生徒が制限された選択肢しかもちえないことを自覚し，上記①から③の要因をつぶしていく働きかけをしていかなければならない。例えば①の要因では，中学の職場体験の職種と高校の職場体験の職種が異なるよう配置するといった小さなことから始められる。そして，②であればキャリア教育や進路決定を家庭任せにしないこと，③では現実的に親の世代では成立していた業種が子の世代では成立しなくなるといった事例を教えることなどといった介入の仕方が考えられるだろう。
　このようにキャリア教育には，具体的な教員研修と実践を支えるシステムの構築が必要なので，解説書を出しただけで行政の教師への支援が終わってしまうことがないように，学校現場も研究者も行政に働きかけることが重要であろう。

■ 引用文献

Cairns, L., & Malloch, M.　2011　Theories of work, place, and learning: New directions. In M. Malloch, L. Cairns, K. Evans, & B. N. O'Conner（Eds.）, *The Sage handbook of*

workplace learning. Sage. pp. 3-16.
中央教育審議会．2012　今後の学校におけるキャリア教育・職業教育の在り方について（答申）．
Csikszentmihalyi, M.　1988　Society, culture, and person: A system view of creativity. In R. J. Sternberg (Ed.), *The nature of creativity*. Cambridge University Press. pp. 325-339.
Csikszentmihalyi, M.　1999　Implication of a system perspective for the study of creativity. In R. J. Sternberg (Ed.), *Handbook of creativity*. Cambridge University Press. pp. 313-335.
Csikszentmihalyi, M.　2004　*Good business*. Penguin Books.（大森弘（監訳）　2008　フロー体験とグッドビジネス―仕事と生きがい．世界思想社）
Gardner, H.　1993　*Creating minds*. New york: Basic Books.
Gottfredson, L. S.　2005　Applying Gottfredson's theory of circumscription and compromise in career guidance and counseling. In S. D. Brown, & R. W. Lent (Eds.), *Career development and counseling: Putting theory and research to work*. John Wiley. pp. 71-100.
国立教育政策研究所生徒指導・進路指導研究センター．2012　「キャリア教育」資料集―文部科学省・国立教育政策研究所―　研究・報告書・手引き編．
国立教育政策研究所生徒指導・進路指導研究センター．2013　キャリア発達にかかわる諸能力の育成に関する調査研究報告書．
厚生労働省．2012　中学校・高校におけるキャリア教育実践テキスト．実業之日本社．
諸富祥彦．2007　「7つの力」を育てるキャリア教育．図書文化社．
中西信男．1995　ライフ・キャリアの心理学：自己実現と成人期．ナカニシヤ出版．
夏堀睦．2005a　ギフティッド・エデュケーション．弓野憲一（編）　世界の創造性教育．ナカニシヤ出版．pp. 163-175.
夏堀睦．2005b　創造性と学校―構築主義的アプローチによる言説分析．ナカニシヤ出版．
Renzulli, J. S.　2001　*Enrichment learning model for all students*. NRC/GT.（松村暢隆（訳）　2001　個性と才能をみつける総合学習モデル．玉川大学出版会）
下村英雄．2009　キャリア教育の心理学：大人は，子どもと若者に何を伝えたいのか　東海教育研究所．
高乗秀明．2008　キャリア教育：「自立」と「社会参画」を育てる．杉本厚夫・高乗秀明・水山光治（著）　教育の3C時代：イギリスに学ぶ教養・キャリア・シティズンシップ教育．世界思想社．pp. 75-153.
鶴谷主一．2014　幼稚園の現場から　16．教育実習について（これから幼稚園実習をする人へ）．対人援助学マガジン，**16**, 68-79.
山本睦．2011　人間の幸せを科学する．山本睦・加藤弘通（編）　ひとつ上をいく卒論・修論を書くための心理学理論ガイドブック．ナカニシヤ出版．pp. 92-102.
山本睦・坂井敬子．2011　保育士のキャリア発達における研修ニーズおよび研修効果の検討．財団法人こども未来財団　平成22年度児童関連サービス調査研究等事業報告書．

II

教える仕事の新しい地平

第4章

認定こども園政策と保育者のキャリア支援

　2012（平成 24）年 8 月 10 日に子ども・子育て関連 3 法[1]が参議院で可決・成立，22 日に公布されてから，2015（平成 27）年度からの本格施行に向けて保育新制度の準備が進められてきた。現段階では 2014（平成 26）年 4 月 9 日から同月 22 日までのパブリックコメント期間を経て 4 月 30 日に「幼保連携型認定こども園教育・保育要領」が告示されたが，その他の子ども・子育て支援新制度（以下，「新制度」と表す）に基づく利用・支援の仕組みや手続きについては，予算に対して財源確保の見通しが不充分であることから不透明な部分が多い。

　これまで経験したことのない保育制度の改革を迎えて，保育現場では通常の保育活動に追われつつ新制度移行への準備をするため，混乱と「何も決まっていない」状態への不安，情報の錯綜が生じている。特に，幼保連携型認定こども園に移行することを決めた現場では，幼稚園の教員免許と保育士資格を両方有する「保育教諭」が必要となることから，どちらかしか有していない保育者にとってはキャリア継続の見通しが立たず，定年前の早期退職を考えるケースもある[2]。離職者が出てしまうことは，制度改革によって目指すところの「保

　1）子ども・子育て関連 3 法とは，①子ども・子育て支援法，②認定こども園法（就学前の子どもに関する教育，保育等の総合的な提供の推進に関する法律の一部改正法），③子ども・子育て支援法及び認定こども園法の一部改正法の施行に伴う関係法律の整備等に関する法律，の 3 つを指す（2012［平成 24］年法律第 65，66，67 号）。
　2）幼稚園に勤務する幼稚園教諭の保育士資格併有状況が 75%，保育所に勤務する保育士の幼稚園免許併有状況が 76% であることから，2015（平成 27）年 4 月以降から 5 年間に限り，3 年間 4,320 時間以上の勤務経験を有する保育者を対象に，大学等において 8 単位の履修のみでそれぞれの免許・資格を授与する特例措置を設けた（保育士養成課程等検討会，2013；幼稚園教諭の普通免許状に係る所要資格の期限付き特例に関する検討会議，2013）。大学等での受講もしくは通信教育（スクーリング含む）で単位取得は可能であるが，通常業務をこなしながらの通学は相当の負担が予想される。

育等の量の拡充，質の改善」の方向性に相反する結果である。

制度の詳細については内閣府，文部科学省，厚生労働省のホームページに断片化しているが，様々な資料が公開されている（例えば，内閣府「子ども・子育て支援新制度」，文部科学省・厚生労働省「認定こども園」など）。本章では制度の詳細よりも，新制度への移行に伴い必要となる保育者のキャリア支援の内容と方策について考えてみたい。研修内容を提示するだけではなく，質保証の観点から保育者の養成や採用といった保育の場を支えるシステムの問題点についても検討を試みたい。

1.「子ども・子育て関連3法」で何が変わるのか

ここではまず新制度の概要と，新制度における認定こども園の位置づけをしたい。「幼保一元化」ばかり表面的に扱われるが，背景には社会福祉制度改革という大局があり，また保育ニーズについての地域格差の問題がある。この点から新制度の2つの特徴をまとめてみる。そして，新制度における保育の質の改善策として設定される事業を概観し，今後保育者に求められる資質と課題を検討してみることにする。

(1) 新制度の2つの柱

幼保連携型認定こども園の必要性として挙げられやすい理由に，「待機児童解消」がある。2013（平成25）年4月1日時点での待機児童数は22,741人（うち東京都が8,117人），待機児童のいる市区町村は340であるが，同時に待機児童数0の県が12もあり（厚生労働省，2013），保育所利用の希望者数や待機児童対策の進行状況によって，地域ごとに事情が異なるのが実態である。では該当しない地域があるにもかかわらず，「待機児童解消」を名目にして認定こども園への移行を国が推進する理由はどこにあるのか。それが新制度の1つ目の柱である。

保育所はすべてこども園に移行するとした総合こども園法が廃案になり，修正された「子ども・子育て関連3法」では，保育施設として認定こども園（幼保連携型・幼稚園型・保育所型・地方裁量型）の他に，保育所と幼稚園は従来

通り存続し，施設型給付費の対象[3]となる。また，家庭的保育事業や小規模保育事業といった地域型保育事業には，地域型保育給付費が支給される。これまで保育所は保育施設に対する補助金の支給，市町村の保育実施義務による運営であったが，新制度は利用者である保護者に対する給付金の支給[4]，そして利用者と保育施設との直接契約という形に移行する。つまり，2000年の社会福祉基礎構造改革によって介護の領域で生じたことと同じく，「利用者補助方式・直接契約方式」の徹底（伊藤，2013）が新制度の1つの柱と考えられる。

もう1つの柱は，保育の必要性の認定を受けてから保育利用希望の申込みをするという手続きにある。これも介護保険と同じく，必要性の水準を市町村が認定し，利用者は認定を受けた必要性の水準に応じた保育サービスを申し込むのである。認定は表4-1の事由，表4-2の認定区分，そして優先利用の組み合わせによって運用される。

優先利用とは，次のような状況にある家庭の保育の必要性を優先するという「条件」の順位づけを示したものである。

1　ひとり親家庭
2　生活保護世帯
3　生計中心者の失業により，就労の必要性が高い場合
4　虐待やDVのおそれがある場合など，社会的養護が必要な場合
5　子どもが障害を有する場合
6　育児休業明け
7　兄弟姉妹（多胎児を含む）が同一の保育所等の利用を希望する場合
8　小規模保育事業などの卒園児童
9　その他市町村が定める事由

3）私立幼稚園は施設型給付費および申請上必要な市町村の確認を受けずに，従来どおり私学助成の支給を受けて運営することも可能となっている。また，私立保育所の場合，これまでと同様，保育料は市町村へ支払い，市町村から保育所へ委託費を支払うという手続きになる（内閣府，2014a）。

4）実際には，市町村が保護者に支給する給付金を，教育・保育施設が直接保護者の代わりに受領する代理受領方式を採る。また当分の間私立保育所は，市町村が委託費を保育所に支給する。

表 4-1 「保育の必要性」の事由の変更点 (内閣府, 2014a より作成)

	現行制度	新制度
保護者以外の同居の親族が保育可能	「保育に欠ける」とは認められない	保護者の事由が認定対象 ただし「優先度」の調整には影響
就労条件	昼間労働していることが常態	パートタイム,夜間など基本的にすべての就労に対応
妊娠・出産	○	○
保護者の疾病,障害	○	○
介護	同居親族	同居または長期入院している親族(兄弟姉妹の小児慢性疾患に伴う看護などを含む)
災害復旧	○	○
新規に認められた事由		就職活動(起業準備含む) 就学(職業訓練含む) 虐待や DV のおそれがあること 育児休業取得時に,すでに保育を利用している子どもがいて継続利用が必要であること
その他	前各号に類する状態であること	上記に類する状態として市町村が認める場合

表 4-2 「保育の必要性」の認定区分(子ども・子育て支援法 19 条等)

(内閣府, 2014a より作成)

1 号認定	教育標準時間認定(満 3 歳以上)	幼稚園等のみを希望	(3~4 時間/日の幼児教育時間)
2 号認定	満 3 歳以上・保育認定	⇒ 両親ともフルタイム	保育標準時間利用(11 時間/日)
3 号認定	満 3 歳未満・保育認定	どちらかがパートタイム	保育短時間利用(8 時間/日)

　この認定制度によって,保育料も受けるサービスや地域差を反映させた「公定価格」により定められる。幼保連携型認定こども園の場合,上記 1 号,2 号,3 号認定の子どもたちが混在するため,事務処理の煩雑化はもちろん,クラス設定が時間帯によって変わること,それによって子どもたちの園生活により配慮が必要となること[5]など,実際の運営段階になって様々な問題点が生じてくることが予想される。

(2) 保育者の確保と質保証

　今回の制度改革は，幼稚園を認定こども園に移行することをはじめ，保育の量的拡充を図ろうという側面だけではない。質の向上のための給付等も考えられている。例えば，「職員配置の改善」として3歳児（子ども20：職員1→15：1），1歳児（6：1→5：1），4・5歳児（30：1→25：1）の各配置比率への改善や，研修の充実のために保育教諭・保育士等1人当たり年間2～5日の研修機会を確保するための代替職員の配置，地域の子育て支援・療育支援として子育て支援を担う主幹教諭・主任保育士の専任化や療育支援を補助する非常勤職員の加配，事務負担への対応として私立幼稚園，認定こども園に非常勤事務職員を配置，といった費用の給付案が考えられている。しかし，どのような質向上のための対策であっても，保育者の数が現段階以上に必要となることが前提である。

　保育者の確保は新制度における質向上のためにどのようになされるのだろうか。2013（平成25）年度補正予算と2014（平成26）年度予算案で緊急に対処する政策として，待機児童解消加速化プランが打ち出された（厚生労働省，2014）。このプランによれば，2013，2014（平成25，26）年度を緊急集中取組期間として約20万人分の保育を集中的に整備できるよう国が支援を用意する，そして2015（平成27）年度から2017（平成29）年度までを取組加速期間としてさらに20万人分の保育の受け皿を確保，2017（平成29）年度末までに待機児童解消を目指すという。2013，2014（平成25，26）年度の緊急集中取組期間には図4-1のような緊急プロジェクトが設定されている。

　この「5本の柱」の1つに「保育士の確保」がある。内容を見てみると，次の3つの施策から成っている。

①［保育士確保施策］
・保育士養成施設新規卒業者の確保，保育士の就業継続支援
・潜在保育士の再就職等を支援する「保育士・保育所支援センター」の設

5）例えば，保育所では通常昼食後に午睡の時間を設けるが，その時間が教育標準時間認定の子どもの降園時間と重なるといった事態が生じ，静寂な環境の保持が難しくなるといったことが予想される。

第4章　認定こども園政策と保育者のキャリア支援

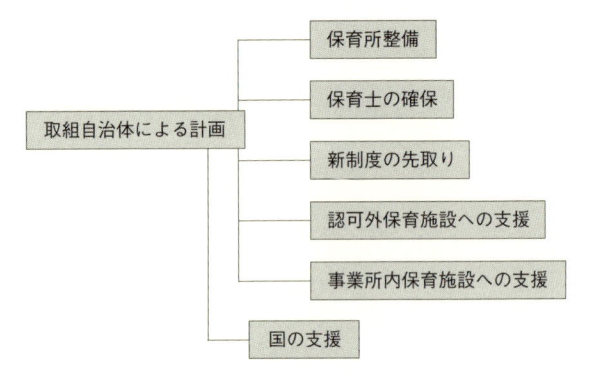

```
取組自治体による計画 ─┬─ 保育所整備
                    ├─ 保育士の確保
                    ├─ 新制度の先取り
                    ├─ 認可外保育施設への支援
                    └─ 事業所内保育施設への支援
国の支援
```

図4-1　緊急プロジェクト支援パッケージ～5本の柱～（厚生労働省, 2014 より作成）

置・運営
・再就職前研修の実施　　・職員用宿舎借り上げ支援
・保育体制の強化（周辺業務に多様な人材を活用，保育士の業務負担軽減を図る）
② ［保育士の資格取得と継続雇用の支援］
・認可外保育施設保育施設，保育所等従事者の保育士資格取得支援
・幼稚園教諭免許状を有する者の保育士資格取得支援
・就学資金貸付
③ ［保育士の処遇改善］
・民間施設給与等改善費　など

　この「保育士確保の施策」をはじめ，緊急プロジェクトは市町村の「手上げ方式」により参加を募る。つまり，意欲のある地方自治体に対してのみ国が強力に支援するという戦略である。ただし，各事業において国の補助率が決まっており，地方自治体の負担分を予算に計上できる自治体でなければこうした施策を活用することができない。また都道府県が窓口になる施策であれば，市町村レベルで「手上げ」をしたくても都道府県が「手上げ」しない限り不可能な場合[6]が生じている。そして，この手続きの最大の問題点は，財政が厳しく保育に係る予算が採れない地方自治体では，保育者の確保がますます困難になっ

てしまうことである。例えば、保育者の養成施設において優秀な学生ほど公立園正規職員への就職を希望する場合が多い。これは新卒採用時の給与格差の問題よりも、公務員という立場で長期間の安定した雇用、昇進・昇給といったキャリアの見通しが立つことが大きな要因であると思われる。しかし近年財政難を理由にした公設民営化の動向により、自分の居住している市町村で公立園の正規職員枠がない場合には、下宿をしてでも採用予定数が圧倒的に大きい市を受験し、就職するといったケースが出てきている。地方自治体の財政基盤が弱い地域と、財政が豊かで保育士確保の施策に予算が計上できる地域では、ますます保育の量・質ともに格差を招いてしまう。認定こども園に移行することによって、早番遅番といった勤務シフトがさらに複雑化するなか、いかに地元の保育者を確保するかは保育の量・質ともに拡充・向上の決め手となるだろう。

さらに質保証の面で問題なのは、保育者の離職率の高さである。新卒採用の保育士の平均勤続年数は、認可保育所公立で 28.11 ヶ月、認可保育所私立で 32.67 ヶ月、自治体独自認証保育施設で 24.94 ヶ月、認可外の保育・福祉施設では 26.29 ヶ月と、どのような施設形態であっても 3 年未満であるという調査報告がある（全国保育士養成協議会，2009）。この調査における退職理由の上位 3 項目を職場ごとに示したものが表 4-3 である。

公立の保育所、幼稚園ともに最も多い退職理由が「雇用契約期間が切れた」であることから、非正規雇用（パート・臨時）の職員が多い[7]ため、平均勤続年数が短くなっていると思われる。また、私立では保育所、幼稚園とも「職場の方針に疑問を感じた」「職場の人間関係」「残業が多かった」が退職理由の比率が大きいものとして挙げられている。また通常の認可施設ではない保育施設

6）一例として保育士の就学資金貸付（厚生労働省雇用均等・児童家庭局，職業安定局，2013）は、保育士養成施設の入学者を対象に、就学資金の貸付を実施する制度で、卒業後に保育所等で 5 年間業務に従事した場合は返済を免除される仕組みになっている。日本学生支援機構の奨学金等において返済免除職が無くなっているなか、この制度は生徒の進路決定の際、保育士志望者増加に効果的であると思われる。しかし、都道府県が実際の窓口になるため、都道府県レベルで予算を計上していない場合はこの制度は利用できない。

7）全国保育士養成協議会（2009）の調査では、定年制の正規雇用が公立保育所で 42.8％、公立幼稚園で 41.2％となっている。公立園の新卒採用のうち約 6 割が雇用契約期間に定めがある非正規雇用で採用されていることがわかる。

表 4-3 職場ごとの退職理由上位 3 項目（全国保育士養成協議会，2009 より抜粋）

職　場	平均勤続年数（月）	最も多い項目	2番目に多い項目	3番目に多い項目
認可保育所（公立）	28.11	雇用契約期間が切れた（33.9%）	給料が低かった（10.9%）	職場の人間関係（8.0%）
認可保育所（私立）	32.67	職場の方針に疑問を感じた（33.3%）	職場の人間関係（30.4%）	残業が多かった（21.1%）
認可保育所（公設民営）	33.39	残業が多かった（28.1%）	職場の方針に疑問を感じた（25.0%）	職場の人間関係（25.0%）
自治体独自認証保育施設	24.94	職場の方針に疑問を感じた（40.0%）	職場の人間関係（40.0%）	給料が低かった（30.0%）
認可外の保育・福祉施設	26.29	職場の方針に疑問を感じた（35.2%）	給料が低かった（20.4%）	将来に希望が持てなかった（20.4%）
幼稚園（公立）	26.30	雇用契約期間が切れた（43.2%）	給料が低かった（16.2%）	残業が多かった 他（8.1%）
幼稚園（私立）	36.87	職場の方針に疑問を感じた（36.5%）	職場の人間関係（32.8%）	残業が多かった 他（29.8%）

でも「職場の方針に疑問を感じた」が最も多い退職理由となっている。私立の場合，1つにはその園独自の保育観や教育観があり，さらにずっと変わることなく同じ管理職が存在するため，適応できなければ退職するしかない。私立の単園経営の場合，公立のように異動を待って新たな職場環境で仕事ができるようになることは，なかなか難しい。異動がなく閉じた職場環境であれば，管理職から漠然と「保育ができない」「自分の園に合わない」と評価されれば，その評価を覆すことはとても難しい。園内の評価基準が漠然としていれば，否定的な評価を覆すための方略も見つけられない。覆す機会がなく，否定的な評価を受けながらそのまま働き続けることには，たいへんな苦痛を伴うことは容易に想像できる。さらに私立園で問題なことは，「給与が安い間だけ使う」という「使い捨て」の意識が一部の経営者に根強くある，という女性職員が多い業界に見られる現象である。したがって，保育者の雇用慣行自体を見直すと同時に，職場内での職員の評価基準を明瞭・細分化し，自己評価を含め誰が見ても妥当な評価ができるような工夫・改善が必要であろう。

保育や教育は「対人」の仕事であり，特に乳幼児期の子どもを対象にするこ

とは，言語をはじめ様々な認知能力上限界を抱えた存在に対応するため，実践に経験値が活きてくる仕事である。職員給与の改善だけではなく，特に雇用形態を安定的な方向に改善するなど，自分のキャリアを「見通す」ことができるようなキャリア継続のための支援策が，保育者の確保と保育の質を保証するうえで重要となるだろう。

2. 認定こども園への移行に伴う困難

　ここでは，次の2点を認定こども園への移行に伴うソフト面での困難として述べたい。もちろん，園舎等建物，給食施設，乳児用施設といったハード面での整備が経済的に困難である園も多い。しかし経営者だけでなく，職員全体で取り組むことによって移行の困難を解決しなければならない内容もある。

　1つには，幼保連携型認定こども園が準じなければならない「幼保連携型認定こども園教育・保育要領」（内閣府，2014b；以下，「こども園要領」とする）の内容がある。保育所保育指針と幼稚園教育要領との整合性を図った「こども園要領」であるが，新しく付加された内容から，幼保連携型認定こども園に勤務するために必要な保育者の資質について考えたい。

　もう1つは，キャリア継続を断念するような人的配置の問題である。園内の保育者が辞職するきっかけとなる内容を，園長経験者のインタビュー調査をもとに考えることにする。

(1)「こども園要領」に描かれる保育・教育

　これまでの幼稚園教育要領や保育所保育指針と異なり，幼保連携型認定こども園の特徴をふまえた「特に配慮すべき事項」は，まず「第1章総則」に，そして「第3章指導計画作成に当たって配慮する事項」に明記されている。遊びや生活を通じて教育する，子どもだけでなく保護者もともに支援の対象となる，園児の主体的な活動を確保するといったことや，健康，人間関係，環境，言葉，表現の5領域ごとに「ねらい－内容－内容の取り扱い」と展開する構成であること，など教育要領と保育指針どちらにも既存である，あるいはどちらか一方にはすでにある内容となっている。ここでは，これまでの教育要領や指針とは

異なる7点だけを取り上げる。

①乳幼児期の発達特徴として,「周囲への依存から自立へ」という方向性を明示している。
②認定こども園の教育および保育の目標「生きる力の基礎を育成する」の達成に努めることにより「義務教育及びその後の教育の基礎を培う」ことができる。この目標は,3歳以上児だけでなく,満3歳未満の園児の保育にも当てはまることを留意点として挙げる。
③1日の教育時間は4時間,保育を必要とする子どもの教育および保育時間は8時間を原則とする。
④入園した年齢により集団生活の経験年数が異なる園児がいることに配慮する。
⑤園児の在園時間の長短,入園時期や登園日数の違いをふまえ,活動と休息,緊張感と解放感等の調和を図るとともに,園児一人ひとりの状況に応じて教育および保育の内容や展開を工夫する。
⑥発達過程を大きくは満3歳未満と満3歳以上に分け[8],それぞれ配慮すべき点,活動の設定方法が示されている。
⑦園児の入園当初の教育および保育については,当該園児への個別的な対応だけでなく,すでに在園している園児に不安や動揺を与えないよう配慮する。

簡単にまとめると,在園時間の長短があるので,より一層個々の子どもの状況に合わせた配慮が必要になることと,発達過程がより大きな括りで示されたことの2点に要約できる。特に①の「周囲への依存から自立へ」という方向性の明示により,保育教諭は「依存に対する」理解者,「独りでできるようになる手前の大人と一緒にできる経験を共有する」共同作業者といったさまざまな役割を果たす教諭であることが示されている。

---

8) 第2章第2保育の実施上の配慮事項では,乳児期,満1歳以上満3歳未満,満3歳以上と3段階に分けて記述されている。

複数の子どもの異なる生活のリズムをつくることや，一見同じ活動も子どもが大人に「やってもらう－一緒にやる－独りでやる」といった段階をふむことが，しっかりと盛り込まれた指導計画を立てる力量が保育教諭には求められている。

(2) 人員配置の観点からみたキャリア継続の阻害要因

上記のように，新しい施設形態が設置されることに伴う研修は，キャリアの上ではベテランから新卒まで同じように対象となる。そして，実際の園生活を実践していくなかで，試行錯誤しながら各園の具体的な運営方法を創りあげていくのだろう。問題なのは新しい制度やそれに基づく教育・保育方法の習得ではなく，これまでにも存在していた園内の人間関係形成の難しさが，試行錯誤の過程のなかでより顕著になり，キャリア継続が阻害されてしまうことである。

第1には正規職員の若手と非正規職員のベテラン間の関係である。次に挙げるのは，公立保育所の園長経験者4名に，保育士のキャリア形成と退職事例についてインタビューした際の回答[9]の一部である。

で，今何が問題かというと，その，うちのところからも出てますけど，正規，正規というカウントで（クラス担任に）つけられると，新卒で。すると，臨時のおばちゃんたち，ベテランがつくわけでしょ。（新卒の）正規なんて使いもんになんないってことがあるわけですよね。だけど，（新卒の正規が）評判の悪い人だと，やっぱり評判のいい臨時さんをちゃんとつけとかないと。だけど，その臨時さんがまいっちゃって。ブーイングで，「園長，ちょっと聞いてください」って，「もうやってられません」っていうことがあるんですけれども，やっぱりクラスの評判を落としちゃうわけじゃないですか。そうすると，ノーマルな，（保育）技術的にも（能力が）あって人間性もあるあの臨時さんならやってくれそうだよねっていう形で（新卒の正規と組ませる）配分をしないと，（性格および能力的に）きついのときついのと組んじゃったと。そうすると，親からのクレームになっちゃうから，その平均は保ちますね。とにかく，やっぱり，人材がいないですよ。[定年退職後5年目；()内は筆者の補足]

---

9) 分析の詳細は，坂井・山本（2013, 2014），山本・坂井（2014）。

ここ5年，6年くらいの間にすごく，（新卒）採用が5人とか，6人とか，若い人たちを入れていますので，その子たちが結婚をしてもう産休。そして，私たちの時代みたいに産休が1年じゃないから。もう，（育休に）1年目入りました，そして，その間に2人目を産みます。そうすると，もう3年くらいいなくなる。その人たちも正規枠で入ってます（カウントされる）ので。[定年退職後1年目；()内は筆者の補足]

このように正規職員を最低1人はクラスに配置し，あとは非正規職員でクラスを運営していくスタイルは，特に非正規職員の比率が高い公立園ではよく見られる。園の状況がよく理解できていないだけでなく，保育についてもまだ未熟な新卒であっても正規枠に含まれる。さらにその新卒者が数年で産休・育休に入ったとしても園に在職している正規枠としてカウントされ，実質保育者の不足分は臨時雇用の非正規職員で埋める。こうして「力のない正規と力のある非正規」という能力と給与・待遇がアンバランスな構図は，次のような問題につながる。

だから，せめて1年目は素敵な保育者との出会いをさせてあげたいっていうんだけど，それすらも。まあ，そうはいつも（園長として）意識しました。だけど，（モデルになるような人が）いない場合にはそれが逆に出てね。とんでもない，モデルだと思ってやったら駄目だったという場合もあるんだけども，それは意識するね。この園の中で新卒が来たときにつける。ところが，正規がいないわけですよね。だから，臨時さんで（言い）含んで，「あの子指導してよ」って。「臨時で，この給料で，なんで私たち指導しなきゃならない」ってやっきりします（＝イヤになってしまう）けど，そんなこと言わない人。言わないような人。それにモチベーションが，私，臨時でもやるわっていう人。だから，人柄がよくわかってそこをつけないと。（中略）だから，○○（特定の養成校）のところの人たちが，（特に）Aさん，みんないじめられてる。「あなた，正規でしょ，何もできないでしょ」っていわれてるのが。Bさんもそうなんですよ。C（保育園）で今，使いもんになんないって言って。[定年退職後5年目；()内は筆者の補足]

アンバランスな構図のなかで，指導役を園長から任せられる非正規職員には負担感と不満が生じ，若手の正規職員もプレッシャーと自分の保育力不足を突きつけられる。この関係性のもとでは，お互いに仕事が辛くなり，離職決意へ

の契機が生じやすくなる。新卒だけではなく正規と非正規の職員をどのように組ませてクラスに配置するのかは，園長にとって頭の痛い問題である。

　早番・遅番はあるにしても，既存の保育所の運営時間内で固定されたクラス担任制においても，「職員間のマッチング」の難しさは以上のように認識されていたが，利用時間が複線化する認定こども園においては，さらに「職員間のマッチング」が複雑化し，職員配置に工夫が必要となる。前節で述べたように保育者の必要量は増加する一方確保が困難で，業務の多くを非正規職員に頼らざるをえない地域では，指導者不足に陥ることは十分に考えられる。

　指導者不足は，ベテランに非正規職員比率が高いことだけではない。第2には正規職員のなかで「役職に就くことへの抵抗」という側面がある。

　中堅，もしくは主任とか園長でもね，自分がやっていけないというか，そういうことで辞めていった人いますね。[中略] もし，そういう役職にならなかったら，最後まで子どもの保育はやれると言う人もいましたね。だから，私は（役職者には）なりたくないですと言う人も。[定年退職後9年目；()内は筆者の補足]

　主任（になる）のときにも何か（役所の課から）言われて，自分の性格には合わないんですよ，そういう立場がね。だから，「いやぁ，ならなくて，普通の保育士でいいです」と言ったら，「辞めるしかありません」とか言われて，うん。ちょっと家庭の事情で今辞めるわけにはいかないしとかね，いろいろ生活もあるし，そういうので（仕事を）続けることにはなったんですけど。[中略] 性格的に合わないところ，あるじゃない。そんな，人をまとめるなんてね，できませんみたいな。こう，ねえ，職員をまとめていくなんて，自分の性格に合わないかなと思ったりするんで（笑）。そんな力ないんですよと言ってね。[早期退職後9年目；()内は筆者の補足]

　保育職の場合，「子どもと接する」ことに仕事の意義を見いだして進路選択することが多い。しかし，ここでいう管理職になると「子どもと接する」時間は減り，圧倒的に事務仕事や上記回答に出てくる「職員をまとめていく」といった大人相手の仕事の比率が高くなる。この職業志望時に思い描いた仕事内容と管理職の仕事内容のギャップは，キャリア継続を阻害する要因となりうる。さらに，近年保育士に義務づけられた業務についてもこのような回答があった。

自己評価がね,「何考えてるの,この人」って。「こういうことをここに(記入)するんじゃないでしょう」なんてね。で,こっそり,みんなの前で言うとあれだから,「あの説明のとき違ったでしょう。もう一回あれ見て」「これ違うよ。書き直して出して」と言って,2度目(に修正したものが)出てくる。あぁ,(仕事を)辞めた方がいいんじゃないかなと思うけど,それは言えなくてね。[定年退職後9年目;()内は筆者の補足]

　これは回答者が退職する数年前に義務づけられた自己評価の記述についてであるが,新しい制度のもとでは指導計画や評価書類に関して,また運営上の申請,企画,報告といった書類作成に関して,様々な「新しいこと」に保育者は取り組まなければならない。なかでも管理職の負担は,園内で指導しなければならない立場であることも含め,非常に大きくなることが予想される。「役職に就くことへの抵抗」に加えて,新制度に基づく業務への不安がさらにベテランの離職を促しかねない。さらに,認定こども園で働く「保育教諭」は幼稚園の教員免許と保育士資格を併有しなければならない。この制度が,保育者の約25%を占めるどちらか一方の免許・資格で仕事をしている現職者の負担になることは間違いない。

　「職員間のマッチング」と「役職に就くことへの抵抗」の2つの要因は,保育者のキャリア継続のうえで大きなリスク要因となるだろう。このリスクを減じるための方策には,常勤の正規職員を増やすこと,管理職の職務内容に必要なスキルを養成段階から組み込むことなどが考えられるが,自治体の財政状況や資格制度の整備状況から,非常に困難であると考えられる。

3. 今,何を準備すべきか

　上記のように,新制度への移行によって新たに設けられる業務内容については,研修が必要なことは言うまでもないが,さらなる配慮が必要となるだろう。
　第1に,非正規職員の業務内容の見直しと,新卒を含め若手の保育の質の管理システムの構築がある。先に「職員間のマッチング」の問題として示したが,非正規職員に「子どもの保育」以外の業務を課すのは明らかに負担過多であろう。若手の指導まで担える力量のある人材なら,何らかの方法で非正規職員か

ら正規職員に昇格する仕組みを用意し適用するべきである。そして，若手の指導や管理一般に関する特別研修，事務業務の簡素化の検討（事務担当者の雇用も含む）等サポート体制を自治体レベルで考える必要があるだろう。そのためには，日常の業務内容の問題点を抽出・分析し，人材管理だけでなく時間管理の視点も含めた現状報告がなければおそらく行政は動かない。園生活の分析や省察から「日常業務のなかで問題があるといえる根拠」を導きだす作業を行わなければならない。第三者評価を受審する際に，その機会を利用して問題点を提示する資料作成ができる，または作成の手順を学ぶ機会が提供されることで，現場の問題を市町村あるいは都道府県の担当課が把握するというシステムの構築が待たれるところである。

さらに，養成課程および初年次研修等で「保育の仕事から管理職への移行」について，自分のキャリアの見通しをもたせるようなキャリアガイダンスが必要であろう。管理職に必要なスキル・能力について，養成課程の時点で認識させることは，今後の就学前教育に関わる教員免許種の整備のなかでも取り入れてほしい内容である。

第2に，「こども園要領」のなかで比較的大きな割合が充てられている「指導計画」の問題である。他の教員免許の養成課程には不可欠な「教育評価」の要素が，これまでも幼稚園教諭の養成課程ではあまり強調されてこなかった。しかし，保育所の児童票の記入であってもそれは「評価」の営みであって，体系的な指導計画と対応するものであるはずなのである。特に，学習指導要領によって事細かに「いつ，何を，どのように教えるのか」が規定されている小学校以上とは異なり，クラス担任が園の目標，学年の目標，クラスの活動の流れ，すでに決まっている園行事の計画等を考慮したうえでデザインしていくのである。一見，クラス担任の自由度が高いように見えて，現状は体系的な指導がなされないまま，先任の指導計画をなぞる場合が多いようである。さらに，昨今の園で見られる「教育のアウトソーシング（外注化）」の影響もある。それについては，第3章（創造性研究からみたキャリア教育の問題点）で詳しく述べている。

新しい「こども園要領」に基づく指導計画では，教育評価，さらには保育者の自己評価とも連携し矛盾なくつながる指導計画作成方法の習得が必要となるだろう。

■ 引用文献

保育士養成課程等検討会．2013　幼稚園教諭免許状を有するものの保育士資格取得特例について．厚生労働省．
伊藤周平．2013　子ども・子育て支援法と保育のゆくえ．かもがわ出版．
厚生労働省．2013　保育所関連状況取りまとめ（平成 25 年 4 月 1 日）．平成 25 年 9 月 12 日付．
厚生労働省雇用均等・児童家庭局，職業安定局．2013　保育を支える保育士の確保に向けた総合的取組．
厚生労働省．2014　全国保育士養成協議会平成 25 年度現代保育研究所第 3 回研修会行政説明資料．pp. 114-126.
内閣府．2014a　子ども・子育て支援新制度説明会資料 1　保育の必要性の認定について．
内閣府．2014b　幼保連携型認定こども園教育・保育要領．
坂井敬子・山本睦．2013　保育士のキャリア形成の阻害要因：役職経験者へのインタビューから．日本教育心理学会第 55 回総会発表論文集，372．
坂井敬子・山本睦．2014　管理職からみた保育士の退職 1：キャリア形成の関連からみた退職理由．日本発達心理学会第 25 回大会論文集，419．
山本睦・坂井敬子．2014　管理職からみた保育士の退職 2：退職理由の地域比較の観点から．日本発達心理学会第 25 回大会論文集，420．
幼稚園教諭の普通免許状に係る所要資格の期限付き特例に関する検討会議．2013　幼稚園教諭の普通免許状に係る所要資格の期限付き特例について（報告）．文部科学省．
全国保育士養成協議会．2009　保育士養成資料集第 50 号「指定保育士養成施設卒業生の卒後の動向及び業務の実態に関する調査」報告書Ⅰ．

第5章

保育者の専門性と環境構成

1. 保育者の専門性に関する議論の動向

　日本では今日，幼児教育における保育の質や保育者の専門性について注目されるようになってきた[1]。日本においては，2015（平成27）年4月には新たな「子ども・子育て支援新制度」がスタートすることが決まっている。これにより従来の学校教育法のなかで学校として位置づけられる「幼稚園」と児童福祉法のなかで児童福祉制度として位置づけられる「保育所」という枠組みではなく，新たに改正された認定こども園法に基づき，同一の施設で教育と保育が一体的に行われるという全く新しい制度が生まれることとなった。これにより，保育者の資格も幼稚園教諭と保育士と両方の資格を取得している保育教諭となることが決められている（渡辺，2014）。この新しい形の制度ができるにあたり渡辺は，「これまで戦後だけでも約七十年，幼稚園と保育園は別々の制度の中で，それぞれの文化を作り上げてきたのですから，その枠組みが壊れて，新たに単一の施設になる制度に対して，幼稚園や保育園関係者に戸惑いや不安があるのは当然」と指摘している。

　新制度に対しては，「3歳以上児への学校教育の導入」により「質の高い教育・保育」が実現できるという考え方がある一方で，保育基準や保育条件に格差がうまれることや，保育の必要度が子どもの姿ではなく保護者にとっての利

---

[1] 『発達』134号（2013, ミネルヴァ書房）では「これからの保育者の専門性」という特集が組まれ，『保育学研究』（日本保育学会）でも「保育実践を振り返る」（第47巻第1号, 2009），「基準・条件と保育の質」（第49巻第3号, 2011）など保育の質や保育者の専門性に関する特集が組まれている。

便性を基準としやすいという問題点も指摘されている（中村，2014）。

　もう1つは，幼児教育が教育と保育を一体的に行う新しい仕組みになるにあたり，幼児期の教育の特徴である「遊びを通した総合的な教育」を提供することになるのか，それとも小学校以降の教育の早期化となるのか，という問題もあるが，無藤ら（2014）は新制度に伴い幼児期には遊びを中心とした学びを保障したうえで，それが小学校以降のカリキュラムにどのように接続していったらよいのかについて，幼・保と小学校との双方の努力が求められると指摘している。

　こうした状況をふまえるとき，「就学前教育」において，親の利便性の追求でなく子どもへの「質の高い教育・保育」をどのように作っていくのか，さらには「質の高い教育・保育」とは何を意味するのかを明らかにすることが重要になってくるだろう。

　このこととかかわって秋田ら（2007）は，先行研究のレヴューを通して保育の質と保育者の専門性について，①保育の議論が「量」から「質」へ移行していること，②保育の「質」とは何か，③「質」の保証と保育者の専門性との関係の3点について次のような議論をしている。

　まず①保育の議論が「量」から「質」へ移行していることについて，こうした議論の移行は先進諸国では1980年代からみられ，その背景には，1つは幼児教育が小学校以上の教育と異なり「可視化されにくい」という特徴をもっており，見えないからこそ，日々の保育は子どもにとってどのような影響があるのかをきちんと問うという関心が生じていること。もう1つは，働く母親たちへの社会福祉政策や男女共同参画社会の手だてとして，また就学前の幼児教育の必要性から量的問題に取り組んできたが，数の問題から，何を保証するのかという教育の中身を問う「質」をめぐる議論の段階に移行してきていることを指摘している。

　次に②保育の「質」とは何かをめぐって，第1に先進諸国の動向について，第2に日本の動向について次のように整理している。

　第1の先進諸国の動向については「質」を捉える際の枠組みには次の6つがあると説明する（表5-1）。まず国として保育をどのような機能と位置づけ，どのような方向性で保育を行うのかにかかわる「方向性の質」である。この「方

表 5-1 保育の 6 つの質 (秋田, 2007 に加筆)

質の種類	定義	具体例
第1の質	方向性の質	国の示す保育の方向性
第2の質	構造の質	物理的な環境,保育者と子どもの比率,保育者資格,教育プログラムの基準等
第3の質	過程の質	実際の保育,子どもと子ども,子どもと保育者,子どもと環境のかかわり
第4の質	操作性の質	子どもや保護者,地域のニーズに対して教育委員会や園が柔軟性や適切性をもっているかどうか
第5の質	子どもの成果としての質	子どもに何がどのように習得され育ったのか
第6の質	全国レベルでの標準化と地域の要求や文化との関係の質	教育の目的や課程がどのように親やコミュニティに浸透し参加関与してもらえているのか

向性の質」が各園の物的環境や保育者と子どもの比率などの保育条件に影響を与えるとし,これを「構造の質」としている。さらに「方向性の質」と「構造の質」が保育の「過程の質」である子どもと子どもや子どもと保育者,子どもと環境のかかわり合いに影響を与えるとする。そして「過程の質」は,子どもや保護者,地域のニーズに答える「操作性の質」がどのようになっているかにも関係があるとしている。そして子どもが何をどのように習得し育ったのかにかかわる「子どもの成果としての質」や「全国レベルでの標準化と地域の要求や文化との関係の質」の層があるという。

　これらの「質」のうち保育や幼児教育を国がどのように位置づけているかにかかわる「方向性の質」については,先進諸国では「就学準備としての幼児教育プログラム」の伝統と,就学準備を超えた目的をもつ社会的ペダゴジーの伝統をもつ国々があるという。後者のアプローチの特徴は「あらかじめ計画され標準化されたカリキュラムではなく,各園が自分たちで教育の価値と実現すべきことを明確にする」というものであり,その点では両者の「方向性の質」は対比的であると説明する。こうした対比点がある一方で,共通点としては園の実践レベルでの「質の保証」の取り組みが見られるところであり,具体的には園職員の取り組みである記録(ドキュメンテーション)や形式的評価などをつかって質の改善をしていこうという動きを指している。

次に2点目の日本の動向については，日本の保育における「質」の必要性に関する源泉は2つに大別できるという。1つは保育を「サービス」と位置づけサービスとして提供される内容を「質」とする立場である。この立場からはサービスの受け手は子どもではなく親と捉え，親の要求にどれだけ答えることができるのかが「質の保証」であるという立場にたつ。これに対し第2の源泉は「専門家である保育者によって行われる保育実践の内容」を「質」とする立場である。この立場では，親の要求ではなく子どもの発達の保障を「質」と捉えることになる。日本では現在，第1の立場で保育の「質」を求める動きが強いという。そのうえで目指すべき質は「保育者が専門性を発揮して，幼児期にふさわしい生活を保障し，幼児一人一人の発達の特性に応じて，幼児自身が主体的に環境にかかわる『遊び』を通して総合的に指導を実現していくこと」であると指摘している。

最後に③「質」の保証と保育者の専門性との関係については，保育の「質」には「子どもの活動に対し，保育者がどのように携わるのか」といった，「保育者のあり方」が位置づけられていると述べる。「保育内容は保育者を通じて子どもに伝えられるため，保育者がいかに保育内容を捉え理解し，見通しをもって行動できるかに，子どもの育ちは多分に委ねられている」ことが指摘されており，保育の「質」には保育者が保育の計画を作成し見通しをもつことが影響してくることがわかる。それと同時に保育者が実践記録やカンファレンスを通し自分の保育を振り返ることで「保育者の意識変容」がもたらされることも保育の「質」を左右すると指摘している。保育の計画を立てることとともに，保育者が自らの実践を振り返り子どもを理解するための「意識変容」も保育者の専門性の向上に深くかかわっていることを表しているのである。

保育者が保育内容を理解し，見通しをもつことの重要性は，例えば2008年の保育所保育指針の改訂のなかにも表れている。2008（平成20）年の改訂では従来の「保育計画」にかわり「保育課程」を作成することが保育所にも義務づけられた。これに伴い保育士養成カリキュラムも2011（平成23）年に改正が行われ，「保育課程論」が新たな科目に加えられている（大橋，2012）。これによって保育者は全体的な子どもの発達の見通しをふまえた保育の全体計画を行うことが今まで以上に求められることになる。こうした流れは，2015（平成27）年

度からスタートする「子ども・子育て支援新制度」でも反映されており，2014（平成26）年4月30日付で公示となった「幼保連携型認定こども園教育・保育要領」に「教育及び保育を一体的に提供するため，創意工夫を生かし，園児の心身の発達と幼保連携型認定こども園，家庭及び地域の実態に即応した適切な教育及び保育の内容に関する全体的な計画を作成するものとする」という内容が盛り込まれた。ここでも保育者が「全体的な見通し」や「計画」をもつことが求められている。

　以上の議論をふまえて本章では，子どもの発達の保障という観点から保育の「質の保証」を捉え，そこで発揮される保育者の専門性とは何かを事例を通して具体的に明らかにしていくことにする。

　その際，幼児期の教育が環境を通した教育を行うことを基本としていることをふまえ，保育者における環境構成について注目していきたい。

2. 発達と環境のかかわり
―ブロンフェンブレンナーによる生態学的アプローチ

　保育における環境について考えていくときに，ブロンフェンブレンナーの発達と環境の理論（Bronfenbrenner, 1979／邦訳, 1996）は大きな手がかりになる。ブロンフェンブレンナーは人間の発達を生態学的アプローチにより明らかにしようとした。生態学とは，「生活体（生物）の生活（あるいは行動）を，個体の生活（行動）としてではなく，その生活体を取り巻く様々な生物（同じ種の仲間や他の種の生物）や非生物的諸条件（気候や地理的条件など）との相互交渉の過程として捉える学問である」（庄司，2006）。つまり，子どもの生活あるいは行動をその子ども個人の生活あるいは行動としてではなく，その子どもを取り巻くあらゆる環境との相互交渉の過程として捉えようとする考え方である（図5-1）。

　ブロンフェンブレンナーが示した生態学的モデルは個体（子ども）を中心に4つの環境が同心円を描くように考えられており，環境を「入れ子構造」とみなしている。個体（子ども）を中心に，まず個体に直接影響を与えるシステムとしてマイクロシステムがある。これは子どもにとっては親子関係や兄弟関係

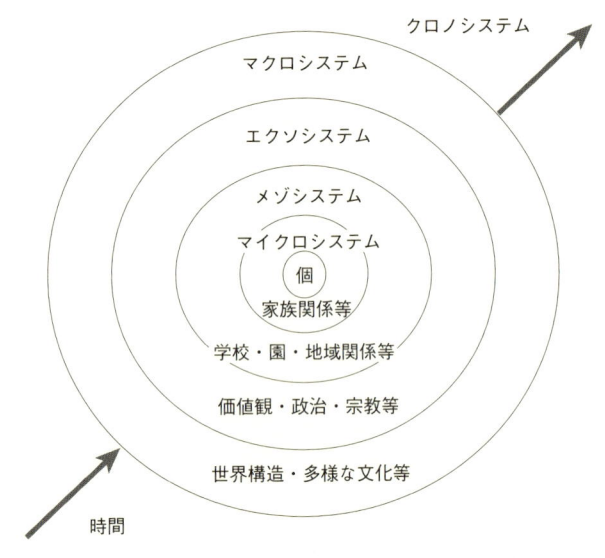

図5-1 ブロンフェンブレンナーの生態学的環境モデル

(同心円の図: 中心から外へ「個」「マイクロシステム 家族関係等」「メゾシステム 学校・園・地域関係等」「エクソシステム 価値観・政治・宗教等」「マクロシステム 世界構造・多様な文化等」、矢印で「クロノシステム 時間」)

など,最も身近でまた影響を受けやすい家族関係とされる。次に,マイクロシステム(家族関係)に影響を与える生活環境である学校や友だち,親戚,地域関係をメゾシステムとする。メゾシステムに影響を与えるのがエクソシステムである価値観,政治,宗教であり,エクソシステムはマクロシステムである世界構造や多様な文化に影響を受けている。そしてこの4つのシステムの時間的変化をクロノシステムと呼ぶ。ブロンフェンブレンナーの理論では,個人の発達は家族関係や学校,政治や時代背景などにも間接的に影響を受けると考えられている(小林,2009)。

次節以降では,このブロンフェンブレンナーの生態学的環境モデルの枠組みを使いながら幼児期の子どもと環境とのかかわりと保育者の環境構成について考察していくことにしたい。

3. 幼児期の特性と環境構成

幼稚園や保育園などでは,事例1のように,子どもたちが園の様々な環境に主体的にかかわりながら遊ぶ姿をしばしばみることがある。

【事例1】幼稚園の朝の自由遊び [2]

　園庭のすみに園児たちが毎日溝を作って遊んでいたためにできたでこぼこした場所を，何人かの子どもたちが，川に見立てて，溝を掘ったり，つなげたり，水の流れをふさいだりして楽しんでいた。
　そこに3歳児クラスのKくんを含む3人の男児がやってくる。彼らは，砂場近くの物入れのコーナーからスコップと三角すいの容れものを選んでもっていた。
　3人は一緒にいたり，離れたり，また一緒になったりをくりかえしながら自由に遊んでいる。
　おとなの男性 [3] が，「川をつくろう」と子どもたちと一緒に遊んでいる。それに興味をひかれた子どもたちがたくさん集まっていた。Kくんも，すぐに「川をつくっている」というイメージを共有し，遊びに参加していく。「ほら，つながったよ」と1人の男性に声をかけたりしている。（その男性は，忙しくてKくんが目に入らない様子）。Kくんは1人スコップで，水を遠くに流していく。どんどん水の流れをよせて，川を長くしていく。すると，水が足りないと感じた様子で少し離れた水道の蛇口を開きにいく。水を出すと，水道の水を出しっ放しのまま，元の場所に戻り，スコップで，水の流れを作る作業を続けていく。

　Kくんを含む3人は，道具を選ぶ時点では，何をして遊ぶかは決まっていない様子だった。とにかくいくつか道具を手に取ってふらふらしていたようにみえた。しかし，偶然，「川をつくっている」おとながいて，そのおとなが「手伝って」と子どもたちに声をかけているところに遭遇し，Kくんは一緒にいた友達に「手伝ってって言ってるよ」と言いながら遊びに加わっていく。「手伝いたい」という気持ちと，「川をつくる」というわかりやすい目的と，すでに川のようになっている「溝」という「環境」が遊びに入りやすい要素となっていた。
　ここには保育者は介在していない（保育者ではないおとなはいたが）。保育者の目の届いていないところで，子どもたちは自由に能動的に遊んでいた。その遊びを可能としていたのが，スコップなどの「道具」と，「川をつくろう」という呼びかけによるイメージの共有，さらにすでにつくられていた「溝」という環境である。このように保育者が介在しなくとも，またこの事例のようにおとなの誘いがきっかけになりながら，環境に主体的に働きかけ遊びを展開して

---

2) 筆者が記録した静岡市内の私立幼稚園の朝の自由遊びの時間のエピソード。
3) その日は中学生が授業の一貫で体験実習をしており，中学生を引率してきた学校の先生が子どもたちと遊んでいた。

いく姿をみることがある。

　さて，この園庭のすみにある「溝」だが，園長先生の話によると，もともとはビオトープをイメージした花壇スペースにする予定だったという。そのため，何もない園庭のすみに水道があった。ところが子どもたちが遊びのなかで園庭を掘り，水道から水を流して川にしていく過程で「溝」という新しい「環境」が生まれたという小さな歴史をもつ。

　この小さな歴史も含めてこの事例を考察するならば，1つは何もない園庭とそのすみにある水道という「環境」に主体的に働きかけながら遊びを生み出していくという幼児期の特性がよく表れていると言える。そして事例1では，何もないところに子どもたちが「溝」を作り出したという過去から，その「溝」を「川」として遊ぶ現在という時間経過のシステムであったクロノシステムから影響をうけていることがわかる。またもともとはビオトープをイメージした花壇スペースにするという計画だったものを，保育者は子どもの主体的な活動を保障するという形で計画の修正を行っている。子どもにとってのメゾシステムである保育者が子どもの活動に影響を受け計画を修正しているとみることも可能である。またそれを可能としているのは，メゾシステム（この場合保育者）に影響を与えているエクソシステムである「価値観」，この場合で言えば「計画を修正し子どもの活動を保障するほうがよい」とする価値観であると考えることができるだろう。

　このように子どもを取り巻く多様で多層的な「環境」が，子どもが主体的に環境に働きかけながら遊びを生み出すことに影響を与えているのである。そしてそのことを通して子どもの豊かな発達が保障されるのだとすれば，幼稚園教育要領がうたっているように「計画的な環境構成」が保育者の重要な役割であることが改めて問われると言えよう。

4. 環境を構成する保育者

　保育における環境は，事例1でみたような保育者が計画していた環境を超えたところで子どもの遊びが生まれ新しい環境が生まれるような偶然性が強いものから，保育者が計画し意図的に環境構成を行うものまで，実際には幅が広い

4. 環境を構成する保育者

ことが考えられる。そこで本節では，保育者がなんらかの意図をもって環境を構成している場面を事例として取り上げることにしよう。

本節で取り上げる事例は静岡市内にある私立 K 保育園の保育である。K 保育園は共同保育所からスタートし 1979 年に新設され今日にいたる。園舎の周りには山や田んぼや川があり自然に囲まれた環境にある。2011 年には耐震による全面建替改築事業を行い，その間の保育は 2km 離れた住宅地に建てられた仮園舎で行われた。以下の事例はその時期に筆者が週に一度のペースで 3 歳児クラスにおいて観察調査を行ったものがもとになっている。

【事例2】イメージを生み出す環境構成

　K 保育園は園舎の建替のため，仮園舎での保育をしており，仮の園庭は遊具等もない空間となっていた。

　保育者は，園庭の砂場近くにベンチとゴザを敷き，ゴザの上にはままごと用の鍋や皿を置いた。そして保育者自身が靴をぬいでゴザにあがり，「さあお家に着いた」と自らごっこ遊びを始めた。すると「おうちごっこ」のイメージを共有した数名の子どもたち（3 歳児）がゴザの上にあがり，「おうちごっこ」を始める。おうちでは鍋や皿に砂場の砂を食べ物に見立てて料理も始まる。別の子どもたちはゴザ近くに保育者が配置したベンチに，砂場の砂でつくったお団子を並べ，お店屋さんごっこが始まった。保育者の環境構成により，2 つのごっこ遊びがはじまった。すると保育者がお店屋さんにでかけ「○○くださいな」と買い物をし，それを「おうち」にもってかえり，「おうちごっこ」と「お店屋さんごっこ」という別々の遊びを 1 つのごっこ遊びへと促した。

　この事例からは，ただ砂場があるだけのところに，保育者によってゴザが 1 枚敷かれたことで，子どもたちのなかに「おうち」のイメージが広がっていることがわかる。この事例の保育園は仮園舎で保育をしており，園庭はこれまでよりも広くなり，遊具もなかった。子どもにとっては，まずどこを居場所にすれば良いのかがわかりにくい空間になっていた。しかし事例 2 では保育者が砂場近くにゴザを敷くという環境構成を行っている。この環境構成は「コーナー保育」と呼ばれるものと近い。コーナー保育とは「保育者がある活動を意図したり予想したりしながら，その活動に適した場所に，必要とされる道具や材料などの設定を行い，子どもの生活や遊びの拠点となるよう構成した空間」のこ

とである（森上・柏女，2000）。コーナー保育の意義としては，環境によって子どもに働きかけていく重要性が認識されていることであるが，その一方で保育者の意図に子どもを誘導するという危険性もあるため，保育者は子どもの様子や興味をふまえることや子どもの選択を保障することが求められる援助の1つであると指摘している。

　ここでは，保育者が環境構成を行っていると，その周りに興味をもった子どもたちが集まっている。そしてその場所に興味をもった子どもたちによって，環境により靴を脱いであがるという行為が生まれ，そこから「おうち」というイメージの共有につながり遊びが生まれていることがわかる。子どもたちは場所とイメージが共有できると砂場の砂で料理を作ったり，お店屋さんごっこを展開したりしながら，主体的に環境に働きかけながら次々と遊んでいく様子がうかがえる。

　またここでは2つの別々の遊びを，保育者が「おうち」から「お店」にでかけるという設定の変化を促すことで，遊びはまた新たな展開に移行している。この場面では保育者の役割が環境構成から，自らが遊びに加わるという人的環境としての役割への変化がみられる。

　旧園舎の園庭では子どもが3〜4人は入れる固定遊具の小屋（家）があったため，子どもたちの「おうちごっこ」や「お店屋さんごっこ」は固定遊具の小屋でよく見られた遊びである。保育者が環境構成をしなくても，子どもたちは固定遊具をうまく利用して，ごっこ遊びをしていたが，何もない仮園舎の園庭で保育をするようになることで，保育者の意図的な環境構成が必要となったと考えられる。

　ブロンフェンブレンナーの生態学的環境モデルに当てはめながらこの事例をさらに読みといてみたい。まず園舎が場所も含めて変わるということは何を意味しているのだろうか。ブロンフェンブレンナーのモデルで言えば，子どもにとってのメゾシステムである保育園という環境が大きく変わるということである。メゾシステムの環境の変化は子どもの発達に間接的な影響を与えることになるため，保育者にとっては園の環境を子どもの発達を促すためにどのように作っていくのかが課題となる。この事例では，ゴザを敷き「ごっこ遊び」が生まれる環境構成を保育者が行っていた。この保育者の環境構成は，旧園舎の

園庭では固定遊具の小屋で「ごっこ遊び」を楽しむ子どもたちの様子が日常の保育のなかにあったことと関係があるのではないだろうか。つまり保育者にはK保育園で見られる日常の遊びのなかで生成された価値観（エクソシステム）があって，それが仮園舎での環境構成に影響を与えていると読み取ることができるのである。

さて，事例2は保育者が空間の環境構成をした事例であるが，次の事例のように時間についての環境構成を行う場合もある。

【事例3】食事の時間差と食事の場所

　幼児クラスの間で3歳児クラスの数名についての課題が話し合われた。遊びから食事への切り替えがスムーズでなく，食事の準備が整っていても，まだ外からかえってきて手を洗い始めているなどの行動が保育者の間で問題にあがっていた。また食事を残す子どもが多く，食がすすまないことも問題にあがっていた。

　どのようにこの問題を克服するかを園内で検討した結果，次の2つのことが行われた。1つは4歳児クラスの部屋で3歳児も一緒に食事を行うということ。もう1つは登園時間が早い子どもたちから食事を行い，登園時間が遅い子どもはもう少し遊んでから食事を行うという実践である。登園時間ごとに3歳児のクラス内でグループを作り，グループで時間差を作って食事を行ったのである。これにより，3歳児クラスの子どもたちは遊びから食事への切り替えがスムーズとなり，食事を残す子どもも減るという変化が見られた。

　この対策に行き着いた経過としては，まず幼児クラス担当の保育者と副園長が子どもの様子を話し合った結果，7時半に登園する子どもと9時半に登園する子どもでは2時間の時間差があり，9時半に登園する子どもたちに遊びから食事への切り替えが難しい子どもが多いのではないかと推測された。「9時半に登園する子どもにとっては十分に満足して遊ぶ時間がなく，満足感がないまま遊びを中断しなくてはならない状況なのではないか」という仮説のもと，登園時間ごとにグループに分け，食事の時間を登園時間に合わせてずらしていくことで，9時半に登園する子どもたちにも遊びの時間を十分にとるという環境構成を行った。

　事例3では，遊びから食事への切り替えが難しいという活動上の課題と食べ残しが多いという生活上の課題を，時間と空間の環境の再構成を行うことで乗り越えようとしている。

　その際，「なぜ切り替えが難しいのか」「なぜ食べ残しが多いのか」という問題を，子ども個人の問題や保育者の力量不足といった個の問題として捉えるの

ではなく，子どもの生活背景と園環境とのずれとして捉え，子どものリズムの方に園環境をずらし子どもの遊びの充実をはかることで解決しようと保育者たちは試みている。

　この保育者たちの試みは，子どもの発達上の課題をその子ども個人の問題と捉え子どもに直接働きかけるという方法ではなく，子どもを取り巻く家族関係（マイクロシステム）に影響を受けていると捉えつつも，その子どもの実態から子どもにとってのメゾシステムである園の環境を変えていくことで間接的な働きかけを行うという方法をとっていると言えるだろう。

　さて，事例2と事例3でK保育園における保育者の意図的な環境構成についてみてきたが，環境構成の仕方に次のような共通点と相違点がみられる。まず共通点としては，保育者が子どもの姿や状態をとらえ，そこから出発したうえで，子どもの主体性が促されるという1つの価値観（エクソシステム）に基づいて環境構成をしている点である。事例2では，どこで何をして遊んでよいか迷っている子どもという姿から，イメージを生み出し，遊びを促すためにゴザがしかれ，ベンチがおかれた。そこに子どもが主体的に関わり遊びがうまれ，お店屋さんとおうちごっこという2つの遊びがうまれたことを保育者が捉え，さらに保育者は環境を構成する役割から自らが人的環境となるという役割の変化を行うことで2つの遊びにかかわりを生み出していた。また事例3では，食事の時間について，子どもに食べ残しが多く，おちついて食事ができていない様子を捉え，それを改善するために，時間という環境を子どもの実態の側にずらしていくことで遊びの時間がうまれ，その結果落ち着いて食事ができる環境をうみだしていた。どちらの事例も子どもの実態からメゾシステムである園の環境を変えていくという観点では共通していることがわかる。

　次に相違点について整理してみたい。事例2の保育者の環境構成の源となっているのは，旧園舎での子どもの遊びの様子に加え，その日常の保育から生まれるK保育園の保育者集団や子どもたちのなかに生成されている価値観でもある。つまり，エクソシステム（価値観）の影響を受けながらメゾシステム（仮園舎の環境）を変化させていると言えよう。それに対して事例3では，子どもの遊びから食事への移行が難しいという問題と食事の食べ残しが多いという問題があった。その背景には，子どもの在園時間が家庭の事情によりおおよそ8

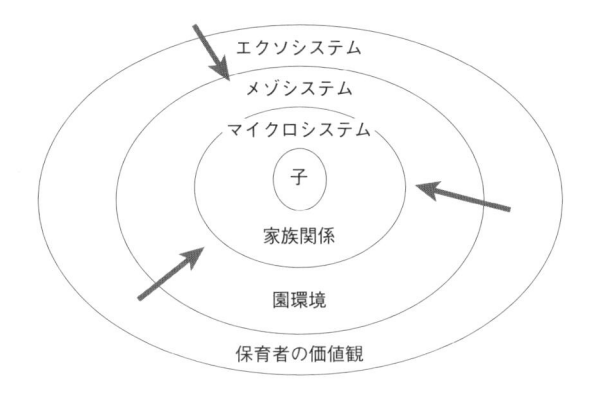

図 5-2 事例2とブロンフェンブレンナーの生態学的環境モデル

時間の子どもがいる一方で,おおよそ11時間在園している子どももいるという実態があった。この時間は子どもの活動量に差をもたらしていた。保育者はそうした家族の事情による在園時間の違いというマイクロシステム（家族関係等）の影響が子どもの活動量に影響を与え，子どもの遊びから食事へという活動の切り替えの困難につながっているのではないかと捉え，メゾシステムである園の保育環境の方を変えていくという環境構成を行っていた。マイクロシステムからの影響に配慮しながらメゾシステムを変更していることがわかる。また遊びから食事への活動の移行が予定通り進まないことを問題として捉え，その原因を「時間の切り替えが難しい一部の子ども」としていた保育者の価値観（エクソシステム）そのものも変更している可能性がみてとれる。つまり事例2ではエクソシステムから影響を受ける形でメゾシステムを保育者が作っているのに対して（図5-2），事例3ではマイクロシステムからの影響を受けながら保育者がメゾシステムを変更し，さらにエクソシステムの変更も促されているのである（図5-3）。

5. 環境構成と園文化

これまでに事例1から事例3を通して，保育者の行う環境構成には複雑な要素が影響し合っている様子がわかった。ときにはその園の「歴史」のなかで培

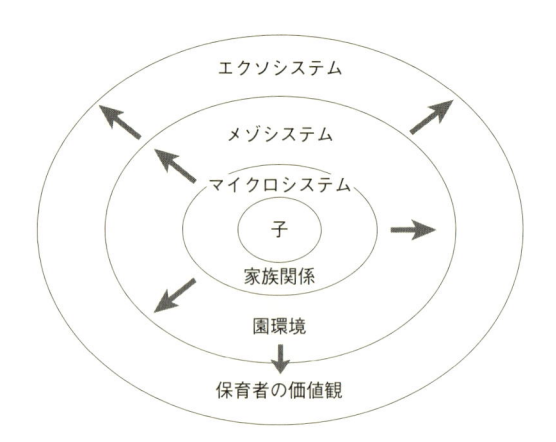

図 5-3　事例 3 とブロンフェンブレンナーの生態学的環境モデル

われた「価値観」(エクソシステム) が環境構成の源になっていることもあれば，逆に子どもの姿や子どもに直接影響を与えている家族関係などのマイクロシステムが環境構成の源になっていることもあるなど，システム間で影響を与え合いながらメゾシステムである園の環境が維持され，逆に変化していく様子もみられた。さて，このようなシステム間が影響し合いながら園の環境が維持され変化していくという過程が歴史をもち日常のものになっていくとき，それがその園の文化として根付いていくということが考えられる。そこでこの節では，環境構成と園文化について焦点をあてて事例を検討していくこととする。

【事例 4】K 保育園の保育環境

　仮園舎は四角い部屋が 5 つから 6 つあるシンプルなプレハブ園舎だった。K 保育園の副園長先生によれば，「ただの広い部屋で使いにくいなと思った」という。そこに乳児部屋には畳を敷き詰めた。幼児クラスの部屋は，図 5-4 のように，部屋の中央にロッカー (①) をおき，大きな部屋を 2 つに仕切り，廊下側のロッカー近くは着替えのスペース，廊下側には机 (②) を並べ食事のスペース，ロッカーを挟んで反対側は遊び兼午睡のスペース (③) に分け，遊び兼午睡のスペースには畳やカーペットを敷いた。

5. 環境構成と園文化　85

```
┌─────────────────────────────────┬──────────┐
│                                 │ ままごと用│
│   カーペット（③）                │ キッチン  │
│                                 │          │
│              ┌──────────────────┴──┐       │
│              │   ロッカー（①）      │       │
│              └─────────────────────┘       │
│        机（②）                              │
│     ▨     ▨     ▨            出入り口       │
│                                  │  │      │
└──────────────────────────────────┴──┴──────┘
```

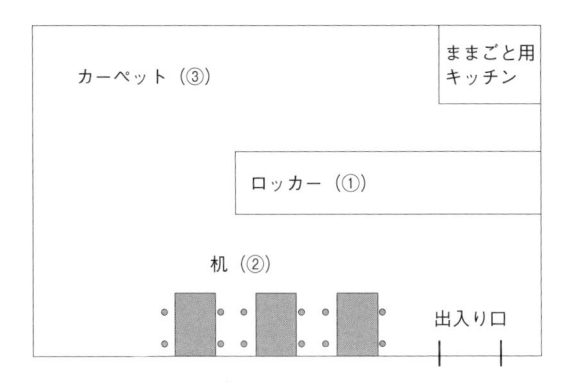

図5-4　仮園舎3歳児クラスの保育室

　この環境設定には「K保育園の保育」の環境構成の方法が次の2点においてよく表れている。1) ただの広い四角の部屋をロッカーを使ってコーナーに区切って使用すること。2) 生活のスペース（特に食事のスペース）と遊びのスペースを分けて使用することである。この2点は子どもが活動の見通しをもつのに効果的であり，また活動の充実の観点からも環境構成として優れている。

　保育室の環境構成だけではなく，園庭の環境構成も工夫されていた。園庭は何もないだだっ広いスペースだった。遊具も砂場もない。そこにまず旧園舎のときに幼児と乳児のスペースを柵でわけていたのと同様に，乳児がすぐに保育室からでることができる空間を乳児の砂場にするために，乳児の保育室の前に柵を作り，砂山をもった。幼児の使用する空間は園庭のすみに砂場を作り，その反対側に砂場とは全く別の粘土質の土山をつくった。

　この環境構成にも，普段は園庭で泥団子づくりやごっこ遊びを楽しむ子どもたちが，「K保育園の保育」の日常と同じ遊びが仮園舎でもできるようにと意識された環境の工夫が表れている。

　この事例でも事例2でみたように，保育者が何もないところから環境構成する際に旧園舎での環境構成が源になっていることがわかる。その環境構成の仕方には自ずとK保育園の日常の保育が反映されるとともにK保育園の保育者集団が共有している価値観（エクソシステム）が影響しているのである。

　例えば，なにもないプレハブの仮設住宅が使う人によって異なるように，同

じ箱を園舎として使うとき，園によって保育室の環境の作り方が異なる部屋を創りだすことが考えられる。環境構成にはその園の特徴がよく表れると言えよう。

【事例5】仮園舎になってからの保育
　副園長先生は仮園舎になったばかりの頃の保育について次のように語った。

> 「ここに移ってきて最初の頃は室内遊びばかりになって，お散歩もいかない，園庭でも遊ばないことが増えて，今までの保育はどうしちゃったのってよく話していました。」

　この事例にある副園長先生の話からは次のことがわかる。1つは園舎が今までの自然に囲まれた場所から，住宅街の中心に移動したことにより，保育者がどのように保育を組み立ててよいかわからなくなってしまったことである。散歩にいくなり，園庭で外遊びをするのが，「K保育園の保育」らしさであるにもかかわらず，「車が危ない」「子どもの動きが予想できない」など保育者側が萎縮してしまい，室内遊びが増えていったのである。このことからは，従来の保育が山，田，川といった自然に囲まれた園の周辺環境に依拠しながら保育を組み立てていたことがわかる。しかも保育者にとっては無意識に周辺環境に依拠した保育がごく日常的なものになっていたために，この大きな環境の変化は「K保育園の保育」を従来通り行うことを困難にしていることがわかる。
　もう1つは「K保育園の保育」とは，「子どもたちが自然の中で，のびのび育つ保育園　集団の中で一人ひとりが大切にされ，自主性と社会性を身につけ豊かな感情と思考力の発達を目指した保育を」という理念のもと，それを追求していく姿勢をもっている。しかし環境が変化することで混乱し見失ってしまった様子がみてとれる。
　では，環境が変わることで保育者が自分たちの本来の保育ができなくなるという現象自体は何を意味するのだろうか。それは，保育者も環境に依存したうえで，日常の保育の環境構成を営んでいることを意味しているのではないだろうか。保育者は環境を意図的に作る役割をもつ一方で，その環境に無意識に依拠しながら保育を展開している。だからこそ，仮園舎での保育という大きな環

境の変化は，保育者を大きく戸惑わせた。しかし，その経験が普段無自覚に行っている自分たちの保育方法を意識化する契機となったと言えよう。

ここには第1節で述べたように，初等教育以降の学校種段階と異なり，就学前の教育は「子どもの発達の個人差に応じて，暮らしと遊びによる総合的な活動を通した方法を中核にしているため，教育の目的や過程，評価が実践者以外には可視化されにくい特徴をもつ」ことが表れていると同時に，園文化として日常の保育が根づくとき実践者にとっても可視化されないという事態に陥りやすいことが表れている。だとするならば，実践者である保育者自身が自らの実践を自覚化し体系化していくことが大きな課題であろう。このことは第1節でも指摘したように，新しい「子ども・子育て支援新制度」へ移行していくなかで，保育者が保育の全体計画を立てることが重要になってきていることとも大きくかかわってくる。無自覚になっている自分たちの保育方法を自覚化させ，子どもの発達を促すための計画を意識的に作成していくことが今後は一層求められるようになるだろう。

6. 保育者の専門性と環境

第1節で前掲したように，保育者の専門性は，保育者が子どもの発達の保障を目的に保育内容を理解し見通しをもつことや実践を振り返ることによる「意識変容」が子どもの理解を促し保育の「質」の保証につながっていくという，保育の「質」という側面から論じられてきた。しかし同時に秋田（2013）は，保育者の専門性について「個人」の資質の向上のみを扱うのではなく，保育者集団が集団として学び続けていく過程という側面から論じながら，「園の専門家が育ち合う文化を探究・継承・生成すること」を新しい専門性として位置づけている。

保育者の「意識変容」とのかかわりでは，事例1や事例3からは子どもの遊びや生活の姿から保育者の意識変容が促され，保育の内容や環境構成が変化する様子がみられた。その一方で事例5のように園の環境が固定化され日常化されることで保育方法に無自覚になることがみられた。仮園舎での保育という保育環境の変化によって日常の保育が停滞していく事例をみてきたが，その意味

では，保育者自身が自らの実践を可視化できていないとき保育者の意識変容も停滞することがわかる。このことからも保育者の専門性にとって自らの保育実践を振り返り，保育を可視化していくという過程が保育の「質」の保証にとって極めて重要であることが確認できる。

また保育者が集団として育ち合い園固有の文化を探究し継承生成するという新しい専門性とのかかわりで言えば，この可視化の過程を保育者が集団的に行っていくことが求められよう。そのとき，事例でみてきたように，園固有の園環境が日常の保育を生成し，その園の文化を生成していくなかで無自覚化されていく実態をふまえるならば，「環境構成」や「園環境」とのかかわりで子どもの変化や保育者の実践を可視化していくことも有効な方法として提案できるのではないだろうか。

その園固有の「園環境にふさわしい方法」の創意が「実践知」となり，園の文化を生成しながら保育者集団としての専門性を高め合うことが今求められているのである。

7．今，何を準備すべきか

これまで論じてきたことから，(1) 養成段階から新任段階の課題，(2) 保育者の専門性と保育者集団，(3) 認定こども園移行における課題について述べていきたいと思う。

(1) 養成段階から新任段階の課題

これまでにみてきたように，それぞれの園にはその園固有の文化があった。子どもの発達はブロンフェンブレンナー理論にならって言えば，多層化されたシステムが複雑に影響し合っており，園の文化が子どもの発達の保障の1つの鍵となっていることがわかる。他方，園文化と保育者の専門性とのかかわりについて秋田（2000）は次のように述べている。保育者として成長していくということは「日本の保育者文化，園文化に参加していっぱしの保育者として周りからみとめられていくためにもとめられる力量を身につけていく過程」でありそれに伴う「発達の危機」でもある。それらをふまえたとき，養成段階から新

任段階への移行にはどのような課題があるのだろうか。

まずおさえておきたいことは，養成校での学びは自ずと園文化などに象徴的なそれぞれの園固有の文化や日常的な文脈の一切から切り離された学びであることである。そのことの利点としては，保育者に求められる最低限の知識や技能を脱文脈化し，効率的に学習していくことである。その一方で，保育という極めて日常的で総合的な営みを養成校で学ぶときは，「子ども理解」「発達過程」「遊び」などかなり細分化されたなかで学ぶという課題を常に伴う。また子ども理解は保育者にとって重要な知識となるが，養成校での学びではそれぞれの年齢の発達段階の理解を中心にしながらの学びとならざるを得ない。しかし子どもの発達はここまでに述べてきたように多様なシステム（環境）との相互作用であり，また発達過程は一人ひとり異なっている。そのことをふまえるとき，養成校での子どもの理解に関する学びは一面的にならざるをえないという課題がある。

多様で複雑な子どもの発達過程を理解していくという専門能力は，養成段階では子どもの理解のための視点やヒントを知識として得ることはできても，実際には保育実践のなかで保育者が子どもとのかかわりのなかで獲得していく専門性であることを考えたとき，細分化され効率化された養成校の学びの完了は必ずしも「一人前の保育者の完成」を意味するのではないことは明らかである。

これらのことから考えられる養成段階の課題の1つは，細分化された科目群をいかに有機的に連続させて学びを総合的なものにしていくかである。また実習での実践と講義での理論を往復するような学びへの工夫がもとめられるだろう。次に養成段階から新任段階への移行の過程の課題は，養成段階で身につけた専門的な知識や技術をどのように実践の文脈のなかで生かしていけるのかである。その意味では新任保育者自身がどのように自分の実践力を養成段階での学びをもとに培っていけるか，つまり個人の能力の形成の問題という側面をもつ。しかし，これまで述べてきたこととのかかわりで言えば，それぞれの園には固有の文化があり，新任保育者は，保育という社会的実践を行っている共同体に「新参者」（Lave & Wenger, 1991/ 邦訳, 1993）として参加していくという性格をもつ。「古参者」（Lave & Wenger, 1991/ 邦訳, 1993）である先輩保育者たちは「新参者」の新任保育者に意識的に自分たちの園の固有の文化を可

視化して伝えていく必要性がこれまで以上にあると言えるだろう。

(2) 保育者の専門性と保育者集団

　保育者の専門能力は養成段階である程度身につけることが可能ではある。しかし園文化によってその専門性が支えられているとするのならば，個人の努力で専門能力を向上させるだけでは十分ではない。第6節で述べたように，能力は個に還元されるものというとらえ方ではなく，集団的に向上させていくものと捉えていくことが必要となってくる。

　とりわけ保育の営みは，これまでも述べてきたように総合的であり日常的なものである。また園での環境が保育実践に大きな影響を与えていることも述べてきた。保育者にとって環境は意図的に構成するものである一方で，無意識に自らの保育に影響を強く与えているものでもある。環境に影響され，環境に無意識のうちに支えられた専門性は，いわば職人技のような側面ももつ。無意識な営みゆえに，他者に伝えていくことが難しい。職人の世界でのように弟子は親方の技をみて盗むという方法でその技を習得していくしかなくなる。おそらく保育の世界でもそういうところがいまだに強いのではないだろうか。

　しかし保育者の専門性には，個人の能力に還元するだけではなく，子どもの発達を保障する専門家集団としての能力が求められるようになってきている。その意味では弟子が親方の技をみてまねるという専門性の獲得のあり方は時代にそぐわないと言えよう。

　ではどのように専門性を向上させていけばよいのだろうか。

　これまで述べてきたこととのかかわりで言えば，無意識化されている環境が保育に与えている影響を保育者自身が意識化していくことが重要ではないだろうか。K保育園では，仮園舎での保育を行う機会という少し特殊な契機があったために，無意識化されていた自分たちの保育を意識化し，何もない園舎に一からどのような環境をつくるのかという実践を通して，環境を再度，意図的に構成しながら，これまでの本園舎での保育における環境がどれだけ自分たちの保育のありように影響をもっていたのかを意識化することとなり，新園舎での新しい実践を生み出す源となっている。

　こうした環境の意味を掘り起こすという作業は自らの専門性を意識し，向上

させるときの鍵となる。そのように考えるとき，環境を意図的に構成するということだけではなく，意図していない環境が子どもの遊びにどのような意味をもっているのかを保育者集団で議論し，共有していくことで，専門性を集団的に高めていく作業が必要となってくるのではないだろうか。

(3) 認定こども園移行における課題

　認定こども園制度への移行は，従来の保育のあり方をあらゆる面から問い直す大きな契機になる。第1節で前掲したように渡辺 (2014) によれば，幼稚園と保育園が歴史的に異なる文化を生成してきたなかで，今回の新制度への移行は大きな戸惑いを生んでいる。例えば同じ園のなかで，短時間保育の子どもと長時間保育の子どもが一緒に生活していくことだけとっても，これまでにない大きな変化である。K保育園が保育園のなかでも9時半から16時の保育時間の子どもと早朝から延長までの長時間保育の子どもとに二極化していて，そのことが子どもの活動量の差をうみ，子どもの遊びの充実に大きな影響を与えていることに保育者が気づき，子どもの実態にあわせて保育時間をずらす試みをしていたが，認定こども園ではもっと複雑で多様な保育時間を過ごす子ども集団を目の前にすることになるだろう。目の前の多様な子どもの実態にあわせて，保育者がどのように保育を計画していくのかが改めて問われることになるのではないだろうか。

　また多様な園文化をもつ園が一つになり保育をしていくという事態も想定される。あるいはこれまでの幼稚園という3歳以上の幼児だけの生活の場に，認定こども園への移行に伴い乳児がともに生活をするようになるという事実は，やはり園の文化を大きく揺るがすことになり，それまで集団的にもっていた専門性が大きく変わらざるをえないこともあるだろう。

　だからこそ，第1節で指摘したように，親の利便性などサービスとしての保育の質の保証ではなく，子どもの発達を保障する保育の質の保証にむかって，保育者の専門性を集団的にどのように向上させていくのかが今後大きく問われることになるのではないだろうか。

■ 引用文献

秋田喜代美．2000　保育者のライフステージと危機—ステージモデルから読み解く専門性—．発達，**21**（83），48-52．
秋田喜代美．2013　保育者の専門性の探究．発達，**134**，14-21．
秋田喜代美・箕輪潤子・高橋綾子．2007　保育の質研究の展望と課題．東京大学大学院教育学研究科紀要，**47**，289-305．
Bronfenbrenner, U.　1979　*The ecology of human development: Experiments by nature and design.* Harvard University Press.（磯貝芳郎・福富護（訳）1996　人間発達の生態学—発達心理学への挑戦．川島書店．）
小林芳郎．2009　乳幼児期のための心理学．保育出版社．
Lave, J., & Wenger, E.　1991　*Situated learning: Legitimate peripheral participation.* Cambridge University Press.（佐伯胖（訳）1993　状況に埋め込まれた学習—正統的周辺参加．産業図書．）
森上史朗・柏女霊峰（編）2000　保育用語辞典．ミネルヴァ書房．
無藤隆・北野幸子・矢藤誠慈郎．2014　認定こども園の時代．子どもの未来のための新制度理解とこれからの戦略48．ひかりのくに．
中村強士．2014　子ども・子育て支援新制度で保育はどうなる．季刊保育問題研究，**265**，8-15．
大橋喜美子．2012　保育のこれからを考える　保育・教育課程論．保育出版社．
庄司順一．2006　ライフステージと心の発達．母子健康情報，**54**，19-23．
渡辺英則．2014　理論と実践とつなぐ真の制度とは．発達，**138**，10-16．

第6章

「新たな学び」を教室の学びに

1. 教育改革における「新たな学び」への問い

(1)「新しさ」の背景にあるもの

　現在，教師には高い専門性が求められていると言われる。しかもそれは，単なる「授業の技術」といったものではなく，子どもの主体的な学びを促す「支援者」としての専門性であるという。このような教育改革の嚆矢となったのが，1980年代の臨時教育審議会であり，そこで提起された「新学力観」である。今では語られることの少なくなったこの政策は，全く消えてしまったわけではなく，近年になって提起されている「新たな学び」論につながっていると考えてよい。その支柱にあるのは，子どもの主体的で創造的な学びと，それを支援する教員像である。

　しかし，このような学び論に対して，ことさら「新しい」というには少々違和感を感じる読者も多いのではないだろうか。なぜなら，教育の場においては，教師による一方的な教え込みではなく，子どもが自ら学習の意味を見いだすような働きかけが求められることは言うまでもないことだからである。

　あとでも触れるように，新学力観が出された当時，学校現場の反応のなかには次のようなものがあった——新学力観で示されている事柄はいったに何が新しいのだろうか。関心・意欲・態度といった言葉を知識・技能と対立するものとして取り上げることによって，表面的には否定している競争や序列化を逆に助長するのではないか——。「新しい」とか「古い」という言い方は素朴でわかりやすい反面，現実には逆説を含みながら推移することもありうる。したがって，この章で取り上げる「新たな学び」についても，新しさの内実を具体的に

検討したいと考えている。

　ところで，大正デモクラシー期の新教育以来,「学習者の主体性」が語られる際には，学習者側の自由や自治，加えて教師による干渉の否定が議論の中心であった。しかし，近年の教育改革で特に強調されているのは，新たな学びの支援こそが教職を専門職たらしめている，という点である。2006年改訂の教育基本法において，教員は「絶えず研究と修養に励」むことが規定され，教員免許状の更新制が導入されたのも，流動的な社会において主体的に学びつづける人間の育成を担うべく，教師自身の絶えざる研修が重視されたからである。

　新学力観の時代には，子どもの関心や意欲が知識・技能の獲得と切り離されることで逆に形骸化するのではないかと懸念されたが，それが教師の専門性をめぐる近年の議論にも当てはまるのだろうか。子どもが主体的に学ぶ，そのような学びの実現を教師が自らの専門とするという場合，その専門性がマニュアル化されたり，数値で評価されるような状況が広がれば，子どもの主体性と教師の専門性の双方が同時に空疎なもの，あるいは分裂的なもの[1]にならないとは言えない。

　このような懸念を述べるのは，現代においては，主体性や専門性という多少とも当人の人格にかかわる事柄が外部の指標によって評価される事態――より正確に言うと，公教育の新自由主義的改革によって「市場」が教育の価値や関係を規定する状況――が進行しているからである。ここで問題としたいのは，教師の専門性は，単純には一般化したり，技術や道具として客体化できないものであり，日々の教室の営みの中で個性的に追究されていくしかない，という点である。こう言ったからといって，個々の実践を検証したり意味づける共通の基盤をもたずにそれぞれに展開すればいいということではない。むしろ，実践を吟味するための言語や場[2]をどのようにもちうるかについて考えたいので

---

　1) イギリスの社会学者バーンスティンは，現代社会において，教育は「能力」という内面的な価値の追求と，市場という外部の基準に照らした「成果」の実現という志向が「分裂病的に」展開していると指摘している（バーンスティン，2000）。
　2) その１つに，実践記録がある。一般化や抽象化を避けながら，具体的な教育実践を吟味してかつ共通の課題を掴むことが実践記録の批評論として重要であると言われている（坂元，2005）。

ある。

　「子どもが主人公」という，どの学校の教育目標にも掲げられているフレーズ。しかし，その繰り返しの唱和や，評価基準が実践の外側に設定される場合には，形骸化の危険が伴う。そこで，子どもの主体性を実践の固有性をもって追求すること，そしてそれがどのような教室のかたちとして共有しうるかを構想することが重要ではないだろうか。近年の教育改革の渦中にあっては，特にその必要性が高まっていると言えよう。

(2) 教育改革における「新たな学び」の出現

　現在，文部科学省が進めている教育改革においては，子どもの主体的で創造的な「新たな学び」に焦点が当てられている。

　中央教育審議会の答申「教職生活の全体を通じた教員の資質能力の総合的な向上方策について」(2012年8月28日) には，教員の資質向上について次のように提示されている。「グローバル化など社会の急速な進展の中で人材育成像が変化しており，21世紀を生き抜くための力を育成するため，思考力・判断力・表現力等の育成など新たな学びに対応した指導力を身につけることが必要」である，と。さらに，「大学院レベルで自ら課題を設定し，学校現場における実践とその省察を通じて，解決に向けた探究的活動を行うという学びを教員自身が経験した上で，新たな学びを支える指導法を身に付ける必要がある」として「学び続ける教員像」を提示し，いわゆる「教員養成の修士レベル化」を謳ったのである。今のところ教員免許制度の改革が具体化している様子はないが，教職大学院の設置拡大が進むなかで，教員が「新たな学びに対応した指導力」を求められる状況は進行すると考えられる。

　中教審答申と同時期に出された文部科学省の検討会議報告書「少人数学級の推進など計画的な教職員定数の改善について」(2008年9月6日) においても，「新たな学び」がキーワードとなっている。ここでは，2008年告示の学習指導要領における新たな学びの提唱を受けて，「特定の教科に限らず，観察・実験や論述等の知識・技能を活用する学習活動を充実」するとして，次のような授業の改革を指摘している。すなわち，「「課題発見・解決能力，コミュニケーション能力等を育成するためには，プレゼンテーションや対話・討議等のグループ学

習などを通じた言語活動，体験活動，ICTを活用した教育活動など双方向・協働型の新しい学びへと授業を変革することが必要」であるというのである。

　ここに言う「新たな学び」とは，どのような学びであろうか。概括すると，知識基盤社会やグローバル化の進行に対応して，基本的な知識・技能に加え，困難や未知の状況に直面したときに積極的に働きかけることができるような問題解決能力や創造性を涵養するための学びのありようを指していると言える。とりわけ，ICTの活用によって個別学習をサポートしながら，同時に対話型授業を展開することが期待されている。

　このような学びの提起は，冒頭でも触れたように，1990年代の新学力観にまでさかのぼることができる。1989年の学習指導要領の改訂において大きく打ち出された新学力観は，臨時教育審議会（1984～1987年）の「個性重視」「教育の自由化」路線に後押しされて，教師は子どもの自主的な学習を「支援」し，学力評価においては「関心・意欲・態度」を重視するものとされたのである。

　しかし，この新学力観が額面通りに教育現場に浸透したわけではなかった。新学力観は形式的な学び論議に留まっており，基礎・基本の獲得が容易ではない子どもの実態分析，子どもの主体性を引き出す方法や教室環境についての議論をなおざりにしているのではないか，個に応じた多様な学びを言いながら，実際には競争を助長して学力格差を広げ，主体性の名のもとで子どもに強制する学びとなっているのではないかという批判がわき起こったのである（教育科学研究会他，1994）。

　その後，「生きる力」（1996）の登場とその直後に問題化した「学力低下問題」，続く「脱ゆとり」の動向，そして教育基本法の改定（2006）に象徴される今世紀に入っての劇的な教育改革の進行のなかで，新学力観はもはや新しさを失ったようにも思われる。そこに登場してきたのが，この度の「新たな学び」であると言える。

（3）国際情勢のなかの「新たな学び」

　では，今回の「新しさ」はどこにあるのだろうか。近年の新たな学びの推奨において注目されるのは，何よりも国際社会の動向と歩みをともにして提起されている点である。

1. 教育改革における「新たな学び」への問い

　経済協力開発機構（OECD）の提言等に象徴されるように，グローバル経済において知識や情報が中心的役割を担う状況や，雇用が国境を越えて流動化するのを受けて，今後の世界情勢において必要となる能力の再定義が進んでいる。新しい能力観の1つとして，「キー・コンピテンシー（主要能力）」がOECDのDeSeCoプロジェクトから提起されたのは2003年のことである。OECDはPISA調査において義務教育を終えようとする段階（日本では高校1年生）の生徒を対象とした学力調査を2000年から開始したが，一方のDeSeCoプロジェクトでは一生涯にわたって社会に積極的に参加し，人生を成功裏に送るために必要となる能力の定義が行われた。

　プロジェクトの報告書では，①ツールを相互的に使うこと，②多様な集団のなかで交流すること，③自律的に行動すること，という3つの能力が抽出され，それらが状況に応じて重なり合いながら発揮されるという見取り図が示されたのである（図6-1）。例えば，高校生や大学生が「資格を取得する」場合は，試験に合格するためにその領域に必要な知識や技能を使いこなす必要があるので，「ツールを相互的に使う」能力が必要となる。他方で，専門領域の勉強会や研究会に参加したり，ボランティアで社会活動を行う場合には，「集団のなかでの交流」や「自律的な行動」の方が中心的な能力となる。この3つの能力は，どこでどのような人生を送るにしてもキー（鍵）となる主要な能力であるとこのプロジェクトは述べている。文部科学省は，OECDのこの提案について，「生きる力」はその考え方を「先取りしていた」と述べて，整合性をもたせようとし

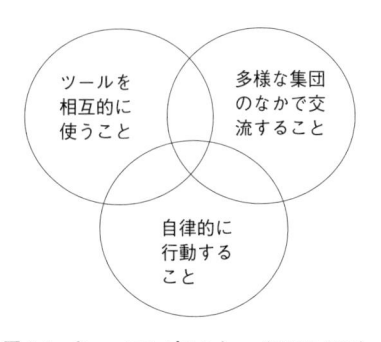

図6-1　キー・コンピテンシー（OECD, 2005）

ている。このことは,「新たな学び」の学力像は,子どもが巣立つ未来を国際情勢の磁場のなかに位置づけていることを示しており,結果として国際的競争力に力点を置くものとなっていく。

　ちなみに,PISA調査が開始された当初から設定された3領域（読解リテラシー,数学的リテラシー,科学的リテラシー）は,①のツールを使いこなすコンピテンシーに位置づいている。日本では特にPISA調査に注目が集まっているのだが,だからと言って,義務教育段階では②や③が必要ではないということをDeSeCoプロジェクトが考えているわけではない。むしろ,子どもの発達や地域の特性に即して,3能力をどのように組み合わせるか（コンビネーション）が重視されると述べられている。つまり,国際的に提起されている「新たな学び」論でむしろ注目されるのは,生きた活動のなかで展開される「学びの文脈」が重視されている点にあると言える。問題なのは,単に子どもの興味・関心に応じるのではなく,人生における学びの意味（文脈）を学校において形成しうるのか,という点であろう。

(4) 経済界の要請

　「新たな学び」論は国際情勢の磁場のなかで展開していることをみてきたが,それがOECDなど経済政策の専門機関からの要請として提起されていることは重要である。

　国内の経済界が発信している能力論として,日本経営者団体連盟（現日本経済団体連合会）の「エンプロイヤビリティ（雇用されうる能力）」論（1999）は,雇用の流動化に対応した従業員の能力形成について提起しているものである。「NEDモデル」（図6-2）と言われる能力養成像は,企業内におけるOJTを通して当該企業内で発揮される能力の向上を図るだけでなく,転職も容易となるように自助努力としてOff-JTを行い,自己の能力開発を継続する必要があるというものである。日経連の提案は,欧米と違って日本の企業は転職を可能にする能力Aについても企業が支援をする――したがってOJTとOff-JTの領域は斜め線で示される――というところに特徴があるとされる。

　また,日本経済団体連合会から出された提言書「主体的なキャリア形成の必要性と支援のあり方」（2006）においても,企業主導のキャリア形成ではなく,

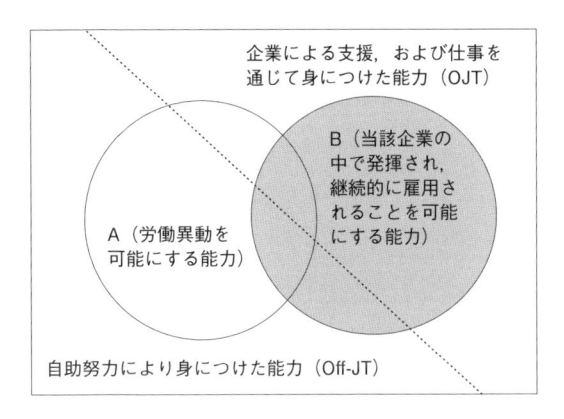

1. 教育改革における「新たな学び」への問い　99

図 6-2　NED モデル（日本経営者団体連盟，1999 に加筆して作成）
エンプロイヤビリティは A と B の総体を指す。

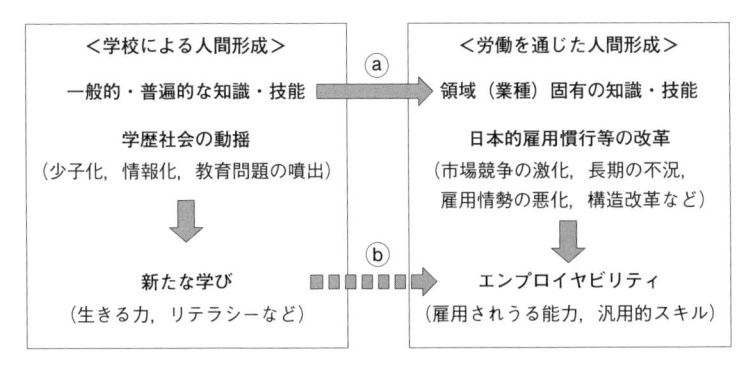

（図中テキスト）
企業による支援，および仕事を通じて身につけた能力（OJT）
B（当該企業の中で発揮され，継続的に雇用されることを可能にする能力）
A（労働異動を可能にする能力）
自助努力により身につけた能力（Off-JT）

図 6-3　「学校」と「労働」の場における能力形成

（図中テキスト）
＜学校による人間形成＞
一般的・普遍的な知識・技能
学歴社会の動揺
（少子化，情報化，教育問題の噴出）
新たな学び
（生きる力，リテラシーなど）

＜労働を通じた人間形成＞
領域（業種）固有の知識・技能
日本的雇用慣行等の改革
（市場競争の激化，長期の不況，雇用情勢の悪化，構造改革など）
エンプロイヤビリティ
（雇用されうる能力，汎用的スキル）

個人が自ら主体的に将来設計を行い，自己の規範意識や価値観に基づいて考え行動する「自律型人材」像が提案されている。そのために，企業としては，従業員の主体的なキャリア形成を支援する Off-JT の機会を多様に準備する必要があると述べられているのである。

このような経済界の要請は，そのまま教育改革における「新たな学び」論議に展開しているようにみえるが，事はそう単純ではない。図 6-3 は，能力形成の場としての「学校」と「労働」の場に即して，両者の関係を整理したものである。＜労働を通じた人間形成＞は，近代以前は家内労働や年季奉公，丁稚奉

公という形態で行われ，近代以降は徐々に日本的雇用慣行（長期継続雇用，年功序列賃金制，新卒一括採用など）のもとで OJT を通して行われた。その特徴は，労働現場の固有の状況（文脈）に応じて必要とされる能力形成が行われたところにある。学歴社会化の進行のなかで，新卒を雇用して現場で鍛える慣行ができあがり，戦後は学校卒業後に間断なく会社に就職するという「就社」社会が形成されていったと言われる（菅山，2011）。学校から労働への移行は，一人前に育てるための社会システムとして有効に機能してきたのである。

　ところが，現在，そのシステムが揺らいでいる。日本的雇用慣行が維持できないなかで，経済界では，当該企業に固有の知識・技能だけでなく，他社にも通用する・・・・・・・一般的で汎用可能なスキルの形成が必要であるという能力論が提起されたのである。このことにより，新人を厳しくも懐深く育てる労働の場の機能が低下しつつあると言える。他方，学校教育においては，教育問題の噴出など従来型の学校制度の機能不全に直面するなかで，新学力観以降は普遍的な知識や技能の習得よりも，状況に応じた問題解決型の学力や，情報を操り他者と対話して活動を行うコミュニケーション能力などにシフトしている。ただし，個人の能力形成を目的とする学校では，集団で課題に取り組んだとしても個別の学習になりやすい。そこが，協働しなければ成果が挙がらない労働の場との違いである。

　このようにみると，学校を卒業して就職する過程では，かつては一般的普遍的な能力から領域固有の能力へ（ⓐ）と移行していたのに対し，現在は学校においては早期から具体的な場面で活用できる能力が求められ，逆に労働の場では汎用性の高い能力が求められるという，ある種の逆転現象がみられると言える。しかし，就社社会の揺らぎのなかで，学校から労働への移行はかつてのような安定性を失っており（ⓑ），新たな学びからエンプロイヤビリティへの展開は不透明で，子ども・青年が将来の見通しをもてない状況を生んでいるのである。

　先にみた日経連の提言書は，学校教育に求めるものとして「自ら学ぶ意欲」の涵養や「自分とは何か」を探し求める能力を挙げている（日本経営者団体連盟教育特別委員会，1999）。しかし，自分の関心や特性に基づく学習を重ねたとしてもエンプロイヤビリティが獲得されるとは言えないなかで，子どもが学習

の意味を見いだすことは容易ではない。むしろ，学校現場で主体性の発揮が強制されるような事態になれば，子どもの無気力や無関心はよりいっそう拡大していくのではないかと思われる。

「新たな学び」の問題にかかわって，もし企業等の経済活動のための能力形成のみが優先されてしまえば，「個人の尊厳を守り人生を豊かにする」という公教育の使命が軽視されてしまうのではないかと懸念する指摘がなされている（松下，2010）。そこで，学校教育では「新たな学び」をどのように受け止め，実践することができるかを批判的に問うことが重要となってくる。その点，OECDのキー・コンピテンシーでは，労働に留まらない広い「学びの文脈」が重視され，何のために学ぶのか，どのように学ぶのかという意味づけの過程が考慮されていると言える。このことに着目した松下の研究では，職業生活だけでなく，市民生活や家庭生活を学びの文脈として位置づけ，公教育において新たな能力観と学びのかたちを探究する——つまり，「＜新しい能力＞概念を飼い慣らす」（同上）ことが提案されている。

そこで，次に考えたいのは「新たな学び」を飼い慣らすためには，教室に「学びの文脈」をどう生み出していくのか，子どもが学習の意味や根拠を得るためにどのような教室空間を構想していけばいいかという点である。そのことを次節で検討しよう。

2. 教室風景をデザインする

繰り返しになるが，「新たな学び」は，知識や技能などの能力に対して，個性や意欲，創造性，態度といった人格の深部にかかわる多様で見えにくい能力を涵養することを指している。したがって，「学びの文脈」はむしろ子どもの生活全体のなかで問われる必要が出てくるだろう。

しかし，現代を生きる子どもは，学びの原体験を学校以外の場で得る機会を多くの場合失っていると言われる。かつての子どもが学校の外に活動の場（家族や地域）をもち，遊びや仕事を通して一人前としての能力を獲得していた状況が変化し，学校において活動や体験の場を準備する必要が出てきたのである。西洋と比較すると，日本の教師は，知識・技能の指導と，対人能力や規範意識

などの育成の双方を学校において担ってきた歴史があるが，近年では後者の，主に教科外活動において担われてきた能力形成についてその目標と評価を理論的に深める必要が指摘されている（中内，2008）。

　学びの文脈を教室のなかで構想する際に1つの手がかりとなるのが，1990年代以降の学習理論における「活動」への注目の動向である。これは，旧ソヴィエトの心理学者ヴィゴツキーの再評価のなかで，学習を「活動」や「参加」の観点から捉え返し，個人が既存の知識を獲得することを学習とする旧来の見方の転換を促すものである（Lave & Wenger, 1991/ 邦訳, 1993；Engeström, 1987/ 邦訳, 1999）。ここでは，学習は，特定の領域や集団のなかに参加していく行為として，また既存の社会関係を変革する営みとして捉え直されている。それゆえ，能動的な行為としての「活動」に大きな意味が付されているのである。

　ここでは活動をめぐる議論には踏み込まないが，学習指導要領において「活動」や「活用」の重視がみられることは，周知の通りである。そうであれば，活動が何のために学ぶのかという「学びの文脈」を構成することにつながるのかどうかを問う必要がある。その際，教室の風景はどのようなものになるのだろうか。この点について，学校建築に関する研究や近年の動向に学ぶところは大きい。建築家による新しい学習空間の提案は，教室と学習について考えるうえで1つの示唆となるだろう。

(1) 教室を開く―オープンスクールの経験

　まずは，1つの教室の風景を紹介しよう。

　この手の学校の読書コーナーはたいてい魅力的な場所となっていて，子どもが寝そべることができるラグやカーペットが敷いてあり，ゆったりとしたイスやベッドのような長イスと，子どもの目線にあわせた大きくてうっとりとするような飾り付けの本棚がある。算数コーナーにはいくつかの机をくっつけて，作業できるよう広いスペースが作られている。机の上には，多種多様な教科書や学習帳に加えて，定規やメジャー，ものさし，紐などが入った箱，小石や貝殻，石，岩石，どんぐり，トチの実，瓶の蓋，松ぼっくりなどなど，数えるのに適したものがいろいろと入っている。また，もっと専門的な測量機器も揃っている。音楽コーナーや理科コーナーもある。

低学年用の部屋には，砂場や水遊び用のテーブルがあり，牛乳容器や瓶，プラスティックの洗剤容器，水差しなどがあり，すべて液量を示すメモリが付されており算数の練習に使われる。オーブンが置いてある場合もあって，マフィンやクッキーのレシピは算数や読解の実践として活用される。近くには，テーブルか，またはブロックや組み立て玩具の入った段ボール箱が置いてあり，シリアルや石けんの空箱，卵パック，トイレットペーパーやペーパータオル，厚紙，木片，壁紙や布きれなど，子どもが何か制作をするときやコラージュや壁画を作るのに使えるものが準備されている。「ウェンディーハウス」という名のプレイハウスがあって，人形や家具，お皿や台所道具，古着などが置かれている（Silberman, 1970 より筆者抄訳）。

　1960年代を中心に，イギリスやアメリカを中心として広がった「新しいタイプ」の学校の様子である。ここでは，教室の壁が取り払われ，大きな空間に子どもの興味を引く様々な道具や素材が陳列されている。部屋には異年齢の子どもがいて，一人で，または小集団で，それぞれの活動に取り組んでいる。子どもは動き回っていて，賑やかな音が絶えることがない。

　インフォーマル・エデュケーションやオープンスクールと言われたこのような教室は，小さな四角の部屋に1つの教壇と，子どもが座る机といすが配列されているいわゆる「伝統的な教室」では，子どもは自らの能力を発揮して学びに取り組むことができないという批判から展開されたものである。建築家も積極的に参加して，できるかぎり子どもが自由に移動できるように工夫された。

　50年前に登場したこのような「新しい」教室。その背景にあった伝統的な学校への批判は，「学校は学習の目的を見失わせ，子どもにただ学校に通うことだけを強いている」とした脱学校論（Illich, 1971／邦訳, 1977）など，ときとして旧来型の学校を真っ向から否定するという急進的な運動を伴いながら展開していった。

　日本の場合も，学校建築の領域では，オープンスクール運動の日本への波及を画期として，新しい動きが生まれている。しかし，現代の日本人に深く染みこんだ教室の形は，長い年月をかけて定着してきたものであり，独自の学校建築史を形作っている。日本人は，学校制度の定着過程で，教室という空間をどのように捉えてきたのだろうか。

(2) 日本人の「教室」観

　近代学校が西洋をモデルとして導入された明治初頭，日本には江戸期に発達した庶民の学校である寺子屋（図6-4）がまだかなり広範囲に存在していた。身分制下においてその属性に応じた手習いを施していた寺子屋と，国民皆学を標榜する公教育としての近代学校は，同じ学校であるとは言えその原理は大きく異なるものである。それでも，当初は，寺子屋を利用して開校した例もあったと言われる。したがっていかに早急に近代学校建築を普及させるかが明治政府の大きな課題であり，財政的な制約のなかで「片廊下一文字型校舎」が量産されていったのである。

　移行期の建築様式で特に注目されるのが，教室と廊下の位置である。「北側廊下」は，南側に縁側を配置してきた日本の建築文化には馴染みのないものであったが，1890年代に文部省は「採光」などの衛生学的観点を理由に学校建築のひな形として導入していった。その際，南側廊下にこだわった人々は，日本の風土に合わないというだけでなく，生活空間としての縁側（子どもの交流の場）が失われることを危惧していたとされる（中内, 1998）。

　廊下論争にも象徴されるように，日本人の学校建築観は「生活空間」を重視するところにあることがわかる。南側廊下はみられなくなったが，その特徴は随所にみることができる。「学級」が学校の中心に配置されるのもそのためであり，教科に特化した教室はその周辺に特別教室として配されている。教科ご

図6-4　文学万代の宝（一寸子花里 画）弘化年間頃

とに教室があり，児童生徒がそれらを渡り歩く教科教室型が中心の西欧との違いは明確であり，畳敷きが机と椅子に変わっても学級が日常生活の場として訓育や「養護の体系」[3] を引き継いでいたことがうかがえよう。

(3) 学校建築と学習活動

片廊下一文字型の学校建築は，一端定着すると，おそらく学級王国と呼ばれた閉鎖的な学級文化と相まって，およそ一世紀にわたって大きく変化しなかった。ところが，不登校や学級崩壊などが問題化する1970年代後半以降になると，欧米のオープンスクールの影響を遅れて受けながら，学校建築のあり方が再考されるようになる。その後，欧米ではむしろオープンスクール運動は後退していくなかで，日本では逆に1つの潮流を形成している。いくつか例を挙げよう。

茨城県にあるつくば市立東小学校の教室を取り上げよう（1995年竣工）。この学校の特徴は，低学年と高学年で造りを違えており，低学年にはオープンスペースやウッドデッキを配して開放的な雰囲気を生み出す一方で，ソファーや円形テーブルなど家庭的なくつろぎの場も提供している。高学年の教室では，一斉授業，個別指導，グループ学習が自在にできるように造られており，またオープンスペースが教室と連続的に配置されているので，小さな単位での学習も可能となっている（上野他，1999）。

このように，生活空間としての豊かさと同時に，多様な学習スタイルに対応できるフレキシブルな構造となっていること，またクラス単位だけでなく，学年や異学年での活動も保証される造りとなっている。

続いて，改築によって展開された学習活動の例を取り上げよう。東京都目黒区の宮前小学校は，1985年に日本建築学会「学校建築委員会」によって，「オープンプラン・スクール」として改築されたものである。上野（2008）によれば，改築計画の段階からこの学校の教師もかかわって議論が重ねられ，その過程では新しい学校の姿の模索があったと言う。図6-5は，2学年4クラス合同で行われた合科的学習「川と人間のくらし」の様子である。4名の教師がチー

---

[3] 中内（1998）は，廊下論争において，日本の学校観が託児所などと血筋を同じくするところから出ており，教育の発想の底流にも「養生」観が流れていると指摘している。

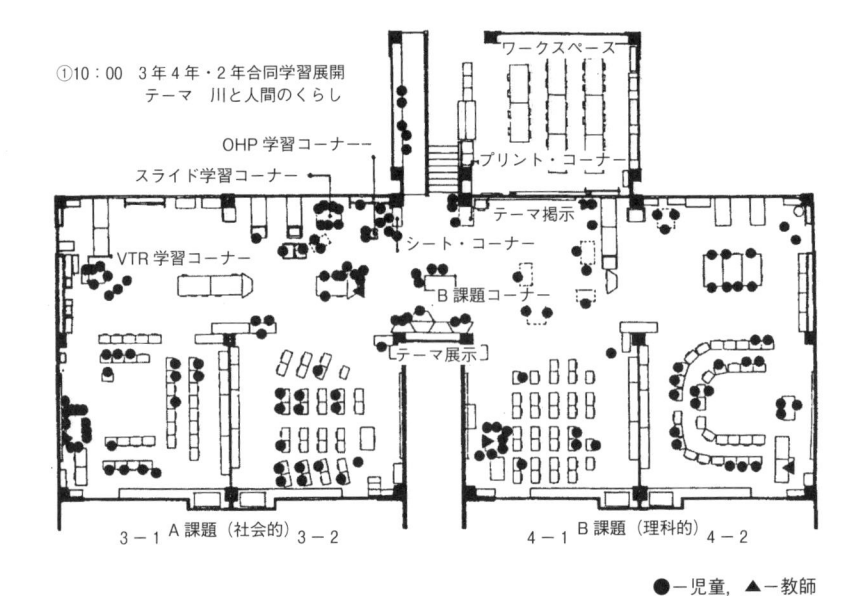

106 第6章 「新たな学び」を教室の学びに

図6-5 東京都目黒区立宮前小学校における合同学習の様子（上野他，2008）

ムを組んで課題を準備し，児童は誰とどこでどのような学習を行うかを選択するようになっている。学級・学年間の壁がなく，連続的な空間が作られていることで，オープンスペースも多様なグループによって活用されている状況がみてとれる。

このように，活動的な学びを促すための建築学的な工夫がこれまでの教室の学びのあり方を変えようとしている。上野は，「生活空間」として居心地の良い場所を作りながら，画一的な片廊下一文字型の「教室と廊下だけから成り立っている校舎」を改革していくことが日本の学校建築において重要な課題であると述べている。そして，日本の新しい学校建築の改革の中核となるコンセプトは「教える学校」から「学ぶ環境としての学校」への転換であるとしているのである（上野他，1999）。

では，児童生徒は，このような環境づくりが進むなかで，どのように学びの主体として活動し，また学ぶ意味（文脈）を生成していくのだろうか。

ここで注目するのは，二個学年からなる複式学級である。現在，日本には複

式学級が小学校で約 5,800 学級，中学校で約 200 学級存在する。これは，複式学級の解消を目指して学級編成の改善が繰り返されてきた結果であり，50 年前と比べると複式で学ぶ子どもの数は 1/6，中学校では 1/13 に減っている。しかし，近年，少人数かつ異年齢集団である複式学級は新たな可能性をもつものとして捉え直す動きもみられるようになっており，学校建築の研究領域でも注目を集めている。2つの学年を一人の教師が教える際の教室レイアウト[4]もさることながら，学年や授業内容に合わせて，机や家具のセッティングが変わるという特徴があり，建築学的な関心が寄せられているのである。

鹿児島大学附属小学校の複式学級（3学級）では，「複式の良さ」を活かし，子ども自身が授業の運営主体となるように「学び方」をどう育てるかという観点から研究が重ねられている。「リーダー」「フォロア」「記録」などグループ学習において役割を担う経験を積むことで，高学年になれば，児童は「めあて」の設定から「まとめ」までの一連の授業の展開において，教師の支援を受けながら自分たちだけで討議を進めることができるようになる。図 6-6 は筆者が同日に撮影した教室風景であるが，学年が上がるにつれて机の配置が工夫されているのがわかる。低学年の 2 列配置から，3 年生では 4 人 1 組の班型配置，そして高学年では一列配置により全員で討議を行う形態に推移している。写真は学年別指導の場面であるが，同単元指導ではまた別様の家具の配置となる。

低学年の児童は，ガイド学習など複式学級の学習方法を「型」として身につけていくことが主であるが，学年が上がるにつれて，学ぶ集団としての成熟がみられるようになる。それは，少数意見を軽視せず，集団で考えを練り上げていく作法を身につけ，合意した結論を学習の成果として蓄積する姿勢であり，これが教室の「学びの文脈」を作り出している。また，学習集団が成熟するためには，児童が討議を進めるうえでの内容の精選やめあての設定において，教師の工夫が欠かせない。異年齢で構成される複式学級は，少人数ながらもグル

---

[4] 教室の前後に黒板があり，各学年がそれぞれ逆を向く前面後面型，前面と片方の側面にL字型に黒板を配する前面側面型，前面の黒板で二個学年が左右に分かれて座る左右型などがある。児童生徒数が少ない場合には，左右型が採用されることが多い。また，前面後面型においては，児童生徒のみで学習を進める時間が最も多くなるという特徴がある（今井他，2000）。

108　第6章　「新たな学び」を教室の学びに

1・2学年

3・4学年

5・6学年

図6-6　複式学級における授業風景（鹿児島大学附属小学校にて撮影）

ープ構成に工夫を凝らし，一斉指導やグループ学習を組み合わせるなど，教師にとって創造的な実践を展開することができることも指摘されている（ADEA, 2005）。

　複式学級の授業をみると，自ら学ぶ意欲を高めたり，問題解決を図ったりする学習には，集団の存在が欠かせないことが明らかである。主体的な学びは，個人として発揮されるものではなく，関係のなかで学びの文脈が形成されることによってはじめて実現されると言える。少子化のなかで，極小規模校が増え，また一貫校化や複合施設化が急速に進んでいる現在，学校建築の観点から，学習を促す空間配置が学びの文脈の形成において重要な意味をもつということを認識する必要があり，教師は，比喩的に言えば，建築家のまなざしをもって，子どもの行動と空間の分析を行うことが求められると言えよう。

3. 今，何を準備すべきか

　これまで，主体的な学びを生み出す教室空間のヒントをみてきた。教室は，単なる環境ではなく，それ自身が教育の原理を体現していると言える。それでは，教室を構成する1つひとつの要素を学びの文脈を形成するという観点から編成するには，どのような観点が必要だろうか。最後に2つの条件について述べたい。

(1) 学びの姿は表現される必要がある

　主体的で創造的な学びにおいて懸念されるのは，学習の成果が見えにくく，相互に共有されづらいという点である。このことを問題にしたのは，イギリスの社会学者バーンスティン（Bernstein, B.）である。彼は，「見える教育」と「見えない教育」という枠組みを提起して，次のように整理している（Bernstein, 1975）。教師の主導による系統的な学習は「見える教育」であり，子どもには知識・技能の獲得という明確な成果が求められる。それに対して，「見えない教育」の方は，子どもの主体性に即して学習が構成・展開されるため，教師による働きかけは暗示的なものになるという。つまり，後者の教育方法では，目標や到達点をあらかじめ設定しない――それゆえ「見えない」――ために，授業に多様性や柔軟性が生まれるというのである。

　見えない教育は決して目標や評価のない教育ではなく，そのカリキュラムは「隠されている」。教師は，個々の子どもをじっくりと観察して，個性を全体的に捉え，また彼らの内面の変化にも敏感である。しかし，一人ひとりの子どもの個性や主体性を評価することは容易ではないので，結果的に学習理論や発達理論を万能な指標として機械的に当てはめるという危険性を生じさせてしまう，とバーンスティンは指摘するのである。

　したがって，「新たな学び」が推奨される現代においては特に，教師は，子どもの主体的な学習は見えないものであり，発達は子どもの内部で展開するという前提を問い直さなければならない。主体的な学びの姿は，他者に対しても，また当の子どもに対しても見えるものにしなければならず，その表現方法を開

発することが教師の仕事として問われているのではないだろうか。教室空間を変えれば自然に子どもの活発な学習が内面で進行するわけではなく，教師は学びの姿が表現されることを目指す必要がある。そして，子どもの主体は，それらの表現物を発表し合うことを通してはじめて構成されることになるのである。

(2) 学びの商品化を回避し，学習の結果を意味づける作業が必要である

ではどのように表現するのか。作文や絵画，音楽などその具体物は様々であろうし，教室空間のデザインや，共同学習のなかで形成される人間関係として表現されることもあるだろう。例えば，教室の風景が多様に作り替えられ，児童生徒が学級経営の担い手となることが推奨されていいのではないかと考える。

しかし，重要なのは，これらの学習の成果物が「学びの文脈」を構成するものとして教師と子どもによって意味づけられる必要があるということである。そうでなければ，いくらプロジェクト学習を行いその成果を教室に展示したとしても，学習集団としての成長は望めないだろう。とりわけ，「新たな学び」の手引き書をそのまま活用するようなことが起これば，本章の冒頭で述べたような学びの形骸化や分裂的状況が生じてしまうことになる。学習の成果物が次の学習への期待につながるように教師は工夫する必要があるだろう。

さらに，もう1つ留意すべきことがある。学習の過程において，コンテストでの表彰や全国紙で取り上げられるなどの動機づけが伴う場合があろう。しかし，意味づける過程においては，そういった外部の目標だけでなく，学習集団の内部において価値を見いだすことが必要である。そうでなければ，やはり学びの文脈を形成することにはつながらないだろう。

以上の2つの点——新しい学びのマニュアル化と，学習集団の外にある目標による価値づけ——は，ともに学びの「商品化」をもたらすことになる。ここで言う商品化とは，流通可能な汎用性を意味しており，逆に学びの文脈の固有性を問わない性向を示している。

商業高校や農業高校で生徒が商品を開発し，コンビニなどと連携して流通ルートに乗せる学習を思い浮かべるとわかりやすい。彼らが社会の現場で学ぶ取り組みとして，また職業系の高校が地域やより広い流通の世界で存在感を示すうえで，意味のあるプロジェクトであると言える。しかし，ただ単に売れたか

どうかで学習が終わるのであれば，固有の意味を生み出す学びにはならないだろう．商品を生み出す過程の学びが生徒や学校，地域社会にとってどのような意味をもつのかを問う必要がある．

「新たな学び」が求められ，それが外部の市場的な価値によって評価される傾向が強まるなかでは，教師は教室の学びの意味を問い直し，その教室に固有の表現方法を編み出すことを自らの専門とする必要があると考えるのである．

■ 引用文献

Association for the Development of Education in Africa (ADEA). 2005 *Resource Materials for Multi-Grade Teaching.*

Bernstein, B. 1975 *Class, codes and control.* Vol.3. *Towards a theory of educational transmissions.* Routledge.

バーンスティン，B. 2000 オフィシャルな知識と＜教育＞的アイデンティティ．長谷川裕・本田伊克・久冨善之（共訳）＜教育と社会＞研究，**10**, 5-18.

Engeström, Y. 1987 *Learning by expanding: An activity-theoretical approach to developmental research.* Helsinki: Orienta-Konsultit. （山住勝広・松下佳代・百合草禎二・保坂裕子・庄井良信・手取義宏・高橋　登（訳）1999　拡張による学習．新曜社．)

Illich, I. 1971 *The deschooling society.* Harper & Row. （東洋・小澤周三（訳）1977　脱学校の社会．東京創元社．）

今井正次・赤松光哉・中井孝幸・上西真哉．2000　複式学級における学習活動のための教室レイアウトの適合性　日本建築学会計画系論文集，**535**, 107-113.

教育科学研究会・坂元忠芳・須藤俊昭（編）1994　新学力観をのりこえる．国土社．

Lave, J., & Wenger, E. 1991 *Situated learning: Legitimate peripheral participation.* Cambridge University Press. （佐伯胖（訳）1993　状況に埋め込まれた学習―正統的周辺参加．産業図書．）

松下佳代（編）2010　＜新しい能力＞は教育を変えるか．ミネルヴァ書房．

中内敏夫．1998　学校建築の社会史．中内敏夫著作集Ⅱ　匿名の教育史．藤原書店．

中内敏夫．2008　生活訓練論第一歩．日本標準．

日本経営者団体連盟教育特別委員会．1999　エンプロイヤビリティの確立を目指して―「従業員自律・企業支援型」の人材育成を―．

日本経済団体連合会．2006　主体的なキャリア形成の必要性と支援のあり方―組織と個人の視点のマッチング―．

OECD. 2005 *The Definition and Selection of Key Competencies: Executive Summary.*

坂元忠芳．2005　現代のグローバリズムと教育実践記録．教科研ニュース，**164**, **166**.

Silberman, C. E. 1970 *Crisis in the classroom.* New York: Random House.

菅山真次．2011 「就社」社会の誕生．名古屋大学出版会．
上野淳他．1999 ［特集］学校建築 個性を育む環境創出へ向けて．SD, **418**, 6-40．
上野淳．2008 学校建築ルネサンス．鹿島出版会．

第 7 章

学校の未来を啓く"地域連携"

　仕事柄，環境保全に取り組む活動団体の関係者らとの接点も多く，「子どもを使わない手はない。子どもに教えると子どもから親に伝わっていく」という声を耳にすることがある。要するに，子どものことになると親や祖父母，地域の人も関心を示す。聞く耳をもたない大人も子どもから発せられるメッセージであれば，抵抗なく受け入れるという意味である。

　ここまで露骨ではないにしろ，学校には熱い視線が注がれている。従来の地縁血縁を基盤とした組織や活動だけでなく，昨今は，第4の領域[1]と呼ばれる目的指向的な活動団体の動きも活発である。挙げればきりがないが，人権，平和，環境，食，福祉，ジェンダーなど現代的課題に取り組む○○教育の推進に取り組む団体は，学校との連携に意欲的である[2]。市民団体や事業者だけではない。行政の一般部局にとっても，学校とつながりたい，という意思は強い。

　一方，学校側はどうか。自然発生的な「学校と地域との連携」が進んでいる場合もあるが，どちらかと言えば，政策的意図により押し進められている向きが強いのではないか。しかも残念なことに，校務や生徒指導，保護者対応などで多忙化する学校の現実や，児童生徒の置かれている現状について，十分な理解が学校の外でなされているかと言えば必ずしもそうではない。とすれば，

---

[1] 第4の領域とは，学校，家庭，地域に次ぐ4番目という意味で，1996（平成8）年の中央教育審議会答申「21世紀を展望した我が国の教育の在り方について」のなかで言及されている。

[2] 10年ほど前から，これらの教育のエッセンスを束ねた「持続可能な開発のための教育（ＥＳＤ: Education for Sustainable development）」が学校にも登場し始め，児童生徒や先生を地域に引っ張り出し，おとなも子どもも世代や分野を越えて学び合う取り組みが各地で生まれつつある。ユネスコスクールが特に力を入れている。ウェブサイトを参照のこと <http://www.unesco-school.jp/>。

「学校と地域との連携」は，果たして何のために推進されているのだろうか。

本章は，この問題と正面から向き合い，学校の未来を啓く"地域連携"の姿とこれから取り組まなくてはいけない課題について論じる。そしてやや結論を先取りして言うと，「学校と地域との連携」は，組織のなかにいる個々の教員の意識と努力だけでは解決できない壁を学校という組織の外の世界とつながることで，越えていける契機になることが切実に求められる。そのためには，子どもたちの健全な発達と成長を願う学校と地域との相互理解を深め，対等な関係でともに地域をつくっていく担い手として成長していくことが望まれる。

1.「学校と地域との連携」が問われる背景──地域の構造変化

学校と地域との連携は，教育改革の1つの柱として推進されてきた。われわれの記憶に新しいのは，改正教育基本法第13条に，学校・家庭・地域社会の三者の連携・協力が教育の目的を実現するうえで重要であることにかんがみ，その内容が規定されたことだろう。ただし，この問題意識は突如現れたものではない。

ひるがえってみれば日本の学校は，明治の学制発布以来，その存立を共同意識に支えられた地域住民の物心両面の協力や地方公共団体の行財政の責任のうえに成り立ってきた。ただし，学校と地域との関係が問われるのは，両者の密接不可分な関係が静的ではなく常に変化を続けてきたからである。

学校と地域の関係をより広く教育と社会とのかかわりで考えた場合，両者の関係は，教育活動が地域で展開されるというだけでなく，教育の過程そのものが地域の環境条件や社会構造に規定されると言える（松原，1977）。教育は，地域の変動に伴い様々な影響を受けるが，また同時に教育の構造や機能が，地域の仕組みに変化を促す。このように「学校と地域との連携」は，学校を支える地域の社会構造の問題と，地域構造の変化がもたらす学校教育上の諸問題の両者の関係として理解しておく必要がある。

地域の社会構造と言うと小難しく聞こえるかもしれないが，まずは図7-1をみてほしい。これは，2010（平成22）年度国勢調査の結果に基づく国土面積と市町村数と人口の割合を過疎指定地域とそれ以外で比較したものである。この

1. 「学校と地域との連携」が問われる背景——地域の構造変化　115

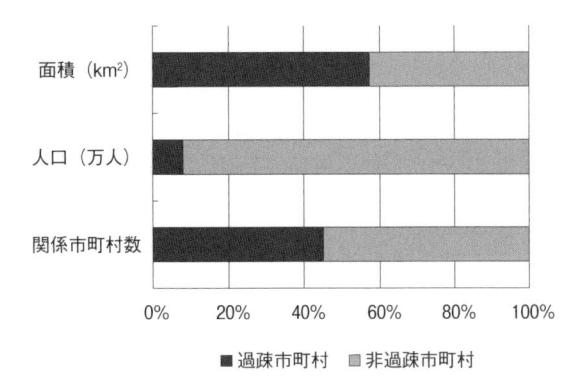

図7-1　面積・人口および市町村数における過疎指定地域の占める割合（平成22年国勢調査による）

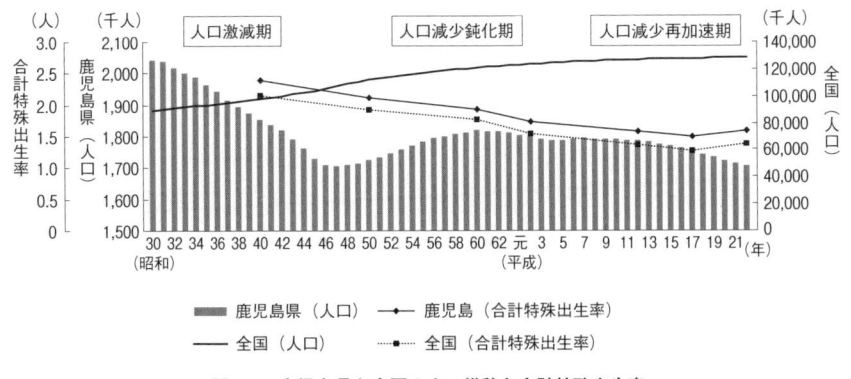

図7-2　鹿児島県と全国の人口推移と合計特殊出生率

　図からわかることは，全国1,791市町村のうち過疎指定市町村は775の45.1%を占める一方で，人口は全体の8.1%に過ぎないことだ（2012年4月現在）。
　次に図7-2をみてみよう。これは，鹿児島県の人口推移と合計特殊出生率を全国と比較したもので，出生力にもかかわらず鹿児島県の人口は減少し，全国的には増加していることがわかる。特に1960（昭和35）年から1965（昭和40）年にかけての減少が著しく，鹿児島を含む10県でこの間に−4%の人口減少割合を記録している。図7-1で確認した国土面積と人口等の不均衡な関係は，人口激減期（1960年〜1975年），人口減少鈍化期（1980年〜1985年），人口減少再加速期（1990年以降）と段階的にもたらされたものである（山本，1997）。

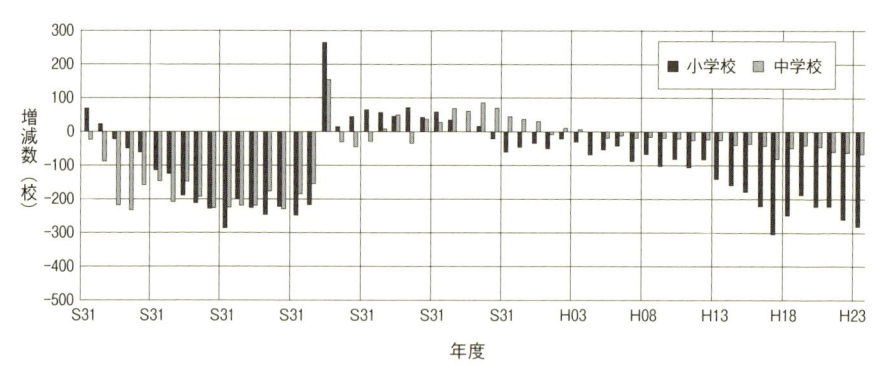

図7-3 学校数の増減（対前年度）(屋敷, 2012)

他方図7-3は，激しい人口移動の影で全国の小中学校の統廃合が進んでいることを示しており，あまり知られていないが，少子化はすでに1955（昭和30）年から進行している[3]。これらのデータは，学校と地域のかかわりの変化を理解するうえで基本となる。

昭和30年代の人口激減期は，日本の高度経済成長期と重なり，「金の卵」と呼ばれた若者たちが，農村部から都市部へ，地方から中央へと労働力の供給源として大量に送り込まれた。若年層の流出は大家族制を徐々に崩し，離農，兼業農家が増え，日本の産業・就業構造が大きく変容していった。人口の流動性は地縁血縁的紐帯を弱め，大衆・消費文化が地域固有の文化に置き換わり，人々の生活様式や価値観の変化に伴い家庭や地域の様相も激変する。

また，忘れてはならないことは，都市部への人口の大移動は，学校や家庭（親）の果たした役割も決して小さくないということだ。「こんな田舎にいてはダメだ。良い学校に行って良い勤め先を見つけよ」と小さい頃から聞かされて育った人は多いはずである。都会への憧れと郷土への愛着というアンビバレントな感情が，学校と地域の狭間で形成されていく内面的な変化も地域の社会構造の問題として大事な要素となる。一方，経済成長を支える産業活動が人と自

---

3) 出生率が高いのは1949（昭和24）年（合計特殊出生率の全国平均4.32）までで，1950（昭和25）年（同3.65，1955年には2.37）から急激に低下する（数字は2010［平成22］年度人口動態統計特殊報告より）。

然環境に不可逆的な損失を与え，公害に抗する住民が連帯し，教育運動が立ち上がり地域を変える力を発揮したのものこの時代であった。

ところで，われわれがよく耳にする過疎とは法律用語で，「人口の著しい減少に伴って地域社会における活力が低下し，生産機能及び生活環境の整備等が他の地域に比較して低位にある地域」と定義されている（過疎地域自立促進特別措置法，2000）。最近では，集落を構成する人口の50％以上が65歳を超えた地域を限界集落（大野，2005）と呼び，用語をめぐって賛否両論はあるものの，少子高齢化と人口減少社会という歴史的転換期の問題を社会に広く提起したことは間違いない。

そして都市と農村の不均等な発展がもたらす問題は，日本が戦後たどった国土開発史[4]と切り離して考えることはできない。1962年にはじまる国土開発計画の影響は，一方で都市と農村の格差や環境問題などを引き起こしながら，他方で，これらの問題に対処するための施策が試みられてきた。教育においても例外ではなく，これらの文脈のなかで「学校と地域との連携」を理解しておく必要がある。そこで次に，教育政策がこのような地域の構造変化にどう対応してきたのかを確認していく。

2. 教育改革の流れから読む─なぜ「学校と地域との連携」か

学校と地域との連携が本格的に論じられたのは，1984（昭和59）年に始まる臨時教育審議会（以下，臨教審）答申においてである[5]。背景には，都市化の進

---

[4] 日本の国土開発（国土の利用，整備，保全）は，国土総合開発法（1950年）の制定にはじまり，以後，新全国総合開発計画（1962年），第2次全国総合開発計画（1969年），第3次全国総合開発計画（1977年），第4次全国総合開発計画（1987年），第5次全国総合開発計画（1998年）と続き，国土の均衡ある発展のために良くも悪くも寄与してきた。特に新全総や第2次全総の初期の頃は，住民不在の国主導の大規模開発に抵抗する住民運動が，学校や地域をつなぐ教育活動を伴って活発化した。一方，2005年には全国計画と広域地方計画の2つの計画を併せもつ国土形成計画法に改まり，地方や国民の意見を反映する制度が加わることになる。

[5] 臨教審は周知の通り，内閣総理大臣の諮問に応じて設置された組織であり，公正な競争原理の導入による教育の個性化（教育の自由化）を改革の理念に掲げ，今日の教育改革の基調をつくることになった。

展による遊び場の減少や地域の連帯感の喪失など，地域の教育力が低下する一方で，学校が子どもの意識や社会の変化に十分対応できないまま役割を肥大化させているという現状認識があった。答申は，生活・教育環境の悪化により子どもたちの心の触れ合いや人間的つながり，自然環境のなかで相互に切磋琢磨する機会が失われていることを問題視し，「教育環境の人間化」を改革の考え方として打ちだす。そこから導かれた「学校と地域との連携」の考え方には，学校教育の役割の限界を明確にし，家庭や地域の教育力の回復と活性化を図ることが組み込まれた。より具体的には，学校の機能や場を地域住民に開放するだけでなく，学校教育側にも社会教育施設を積極的に利用することを期待し，地域や保護者に開かれた学校経営への努力を求めている。

　臨教審答申の考えは，1996（平成8）年の中教審答申「21世紀を展望した我が国の教育の在り方について」のなかでさらに展開する。答申は，家庭や地域社会にみられる教育力の低下は，戦後の経済成長の過程で社会やライフスタイルの変容とともに生じてきた現代社会の構造そのものにかかわる問題であり，社会全体で考え直すべきだと指摘する。また，家庭や地域社会の教育力の回復は，われわれのライフスタイルや社会の構造を新たに構築することと無関係ではなく，容易なことではないと認めている。

　その後も，1998（平成10）年の中教審答申「我が国の地方教育行政の今後の在り方について」や2000（平成12）年に発表された教育改革国民会議報告を受けた21世紀教育再生プランなどを経て，2006（平成18）年の教育基本法の改正にたどり着く。その間に並行して，2000（平成12）年の「学校評議員制度[6]」の導入を皮切りにして，2004（平成16）年には「学校運営協議会制度（コミュニティースクール）[7]」（地方教育行政の組織及び運営に関する法律第47条の5），2007（平成19）年には，学校評価の実施義務と積極的な公表を求める学校教育法の改定がなされ，地域に開かれた学校づくりを進めるための制度が徐々に整備されていく。

---

　6) 開かれた学校づくりを推進することが目的で，学校運営に保護者や地域住民等の意向を把握・反映し，学校として説明責任を果たしていくことを意図した制度である。また，校長と教頭により幅広い適材を確保するために資格要件を一部緩和する学校教育法の改正もなされた。

2006（平成18）年の教育基本法改正後は，教育振興計画に盛り込む施策として，学校，家庭，地域との連携協力が社会に定着するように具体的な仕組みの構築に関心が向かう（後述）。また，2008（平成20）年の中教審答申「新しい時代を切り拓く生涯学習の振興方策について〜知の循環型社会の構築を目指して〜」では，「自立した個人の育成や自立したコミュニティ（地域社会）の形成」という観点が登場し，行政改革や規制緩和により行政サービスが縮小するなか，地域社会が自らの力で地域の課題を解決していく個人の学習支援に加え，地域社会の基盤強化につながる地域全体の教育力の向上が主題にのぼる。また，家庭教育についても福祉・労働部局等とも連携していく必要性を唱え，教育委員会だけでなく他の行政部局や民間団体などとの連携，ネットワークの構築が施策全体の基調になっている。

　これらの視点は，2011（平成23）年の「学校運営の改善の在り方等に関する調査研究協力者会議」の報告書「子どもの豊かな学びを創造し，地域の絆をつなぐ」のなかでより具体的になる。この報告書は，学校教育における学習課題と地域の課題のつながりや学校づくりと地域づくりの密接な関係に着目して，学校にとどまらない地域の課題を解決する「協働の場」として学校の新たな可能性を論じる。そして「地域とともにある学校づくり」を新たに提起し，子どもたちの成長はもちろんのこと，教職員，保護者，地域住民がともに成長していく「大人の学び場」と「地域づくりの核」としての学校への転換を迫る。

　「学校と地域との連携」にかかわる1984（昭和59）年から約30年間の議論の推移をみると，中核にある問題は，生活様式や社会構造の変容が生みだした家庭と地域社会の教育力の低下と，相対的に役割や期待が肥大化する学校教育との不均衡な関係である。初期の頃は，子どもの成長の阻害要因として捉えられていた問題が，現段階では，教職員や保護者，地域住民等がともに学び合いな

　7）学校運営協議会は，教育委員会が指定する学校に設置することができる。学校運営協議会の委員は，教育委員会が保護者や地域住民から任命し，委員は校長とともに学校運営に責任を負うことになる。校長は，教育課程の編成その他教育委員会規則で定める事項について基本的な方針を作成し，学校運営協議会の承認を得なければならず，また，学校運営協議会は，職員の採用その他の任用に関する事項について，その任命権者に意見を述べることができる。

がら人間的な成長を遂げる「おとなの学び」の問題として扱われるようになっている。地域の学びと活動の拠点としての学校のあり方は決して新しいことではなく、むしろ日本の学校の原点回帰と言えなくもない[8]。

ただし、その背景には、行財政改革や規制緩和の影響で縮小される地域における公的サービスの代替を地域住民自身の力で補う方向に政策が向いており、そのことを前提にした議論であることは理解しておかなければならない。また、もう一つ留意すべきは、学校と地域との関係は、単純に昔の形に戻せばいいという状況にないということである。家庭と地域社会の教育力の低下は、地域構造の変化に由来するので家庭や地域社会で面倒がみきれない機能が相対的に学校の肥大化を招くのは、日本の戦後開発史の推移からみればむしろ歴史的必然とみるべきであろう。したがって大事なことは、新たな地域社会をどう築けるかであって、学校と地域との連携もその文脈で考える必要がある。その観点でいえば、「地域とともにある学校づくり」への流れは決して間違っていない。そこで次は、それらをどう実現していくのかという実践段階の問題となってくる。

3.「学校と地域との連携」をめぐる現場のいま

(1)「学校と地域との連携」の概観

政策動向をまず確認すると、教育基本法の改正後に初めて策定された教育振興基本計画（2008年度～2012年度）では、基本的方向1の「社会全体で教育の向上に取り組む」のなかに「学校・家庭・地域の連携・協力を強化し、社会全体の教育力を向上させる」ことが盛り込まれ、次に挙げる施策が実施された。1つ目は、地域の住民の参画により学校の教育活動を支援する仕組みをつ

[8) 2010（平成22）年に内閣府が発表した「新しい公共」宣言（「新しい公共」円卓会議）には、明治以前の結・講・座にも言及しながら「公共」＝「官」ではない様々な形で、国民、市民団体や地域組織、企業やその他の事業体が政府とともに支え合いと活気のある社会をつくることを提言している。

9) 学校支援ボランティアや学校と地域をつなぐコーディネーターを配置し、学校の教育活動を地域住民等の参画により支援する仕組み（学校支援本部）をつくり、様々な学校支援活動を実施する事業で、2008（平成20）年より開始された。

表7-1　3事業の実施状況（文部科学省公表資料より）

	H20 年度	H21 年度	H22 年度	H23 年度	H24 年度	H25 年度
学校支援地域本部設置数	2179 本部	2405 本部	2540 本部	2659 本部	3036 本部	3527 本部
放課後子供教室実施数	7736 教室	8610 教室	9197 教室	9733 教室	10098 教室	10376 教室
コミュニティースクール指定校数	341 校	475 校	629 校	789 校	1183 校	1570 校

（2013 年 8 月 15 日現在，コミュニティースクールは 2013 年 4 月 1 日現在）

くり，様々な学校活動を実施することをねらう学校支援地域本部事業[9]，2つ目は，学校運営協議会制度を用いてコミュニティースクールの設置促進をはかる事業[10]，3つ目は，放課後や週末等に地域住民の参画を得て，子どもたちに学習活動や様々な体験・交流活動等の場をつくる放課後子どもプラン[11]である。ここでは，取り組みの進捗状況と課題等についてのみ確認しておく。

3事業導入後，2008（平成20）年から2013（平成25）年までの実施状況は表7-1のとおりである。なお，学校支援地域本部については，文科省の予算を用いて取り組んでいる市町村等の数を示すにすぎず，実際の数はもっと多いはずである[12]。

三菱総合研究所（以下，MRI）が2012（平成24）年に実施した「地域が学校と子どもたちの活動を支える仕組み」の実態把握と質向上に関する調査研究（三菱総合研究所，2013）によれば，アンケートの回答を得た17市町村，316小・中学校のうち学校支援地域本部事業を実施しているのは15.8%にすぎないが，各学校区単位で仕組みをもつと回答したのは47.6%である。47.6%の内訳をみると，2001（平成13）年以前（学校5日制開始以前）に仕組みを開始した

---

10) 注7) を参照のこと。
11) 各市町村において教育委員会が主導して，福祉部局と連携を図り，原則としてすべての小学校区で放課後の子どもの安全で健やかな活動場所を確保し，総合的な放課後対策として2007（平成19）年度に創設された。文部科学省と厚生労働省が連携する事業という点で他の2つとは異なる。
12) 例えば2013（平成25）年度の鹿児島県の場合，県内43市町村のすべてで学校支援地域本部（264本部）を設置している（鹿児島県教育庁社会教育課，2013）にもかかわらず，公表資料に含まれているのは国の事業を受けている鹿児島市の36本部のみである。

と回答した学校は19.1％，2002（平成14）年以降（学校支援地域事業本部事業開始前）は41.2％，2006（平成18）年以降が39.7％となっている。したがって，学校と地域との連携の仕組みはここ10年ほどの間に急速に伸びていることがわかる。以下，しばらく本調査結果をみていく。

まず，設置背景の理由（複数回答結果）をみると，教育活動の充実（74.7％）や安全・災害対策（48.8％），児童生徒指導上の問題（32.1％）など学校側のニーズに高い傾向がみられ，地域づくりにあたり学校と地域とのかかわりを深める必要があったこと（41.4％）や，すでに行ってきた連携活動を組織化し，実効性と継続性を確保する必要性（25.9％）など地域側のニーズを酌むものは相対的に低めとなっている。活動内容（同複数回答）では，安全確保（登下校の見守り等）（84％），読み聞かせ・読書活動（65.4％），学校・地域行事等の運営・共同参加（51.9％），校内環境整備（花壇の手入れ等）（45.1％），体験学習（フィールドの確保，調整，体験学習の指導）（45.1％）となっており，放課後や土日における体験活動支援（27.8％）や学習支援（7.4％）は低い。また，活動を企画，検討する会議体を設置する65.6％の小中学校のなかの構成員をみると，現PTA関係（84.6％），学校教職員（84.5％），地域住民組織等（自治会等）関係者（75.9％），地域住民（67.5％），社会教育主事・その他行政職員（17.1％）という結果となっている。

以上の概要より，「学校と地域との連携」の現段階としては，主に学校内の教育活動の支援に主眼を置いた「地域の学校参加」に主軸があるとみてよいだろう。果たしてこの状況を関係者はどう評価しているのだろう。

MRIが実施した別の調査研究結果[13]をみると学校と地域との連携施策による効果としては，①子どもに係る効果，②学校・教員に係る効果，③家庭・保護者に係る効果，④地域に係る効果の4つに分けて把握することができる（表7-2）。

MRIは，2010, 2011（平成22, 23）年に学校管理職，学校教職員，保護者，地

---

13) 三菱総合研究所は，文科省の委託研究として2009（平成21）年度より4回にわたり学校支援地域本部事業を中心とする「生涯学習施策に関する調査研究」の報告書を発表している。ここで紹介するのは，2011（平成23）年度に実施した「学校と地域の連携施策の効果検証及び改善事例収集に向けた調査研究」（三菱総合研究所，2012）である。

3.「学校と地域との連携」をめぐる現場のいま

表 7-2　学校と地域が連携した取り組みにより発現した効果（三菱総合研究所，2012）

①子どもに係る効果	学力等の向上	1. 学力（国語）の向上 2. 学習意欲・探究心の向上 3. 学習の習慣化
	社会性等の向上	4. 規範意識の向上 5. 人的ネットワークの拡充
	地域に対する理解・愛着の向上	6. 地域・地域住民に対する理解の向上 7. 地域・地域住民に対する愛着の向上
	子どもの安全・安心の獲得	8. 地域・社会一般に対する信頼感・安心感の向上
	習慣の改善・定着	9. 生活習慣の改善 10. 読書習慣の定着
②学校・教員に係る効果	教育課程・授業の充実	11. 地域の参加による教育課程の充実（質の高い学習支援の展開）
	保護者等との連携の充実	12. 学校と保護者の相互理解促進（建設的な意見の増加）
	教員の教育専念環境の整備・質向上	13. 子どもに向き合う時間の増加
③家庭・保護者に係る効果	家庭教育の充実	14. 互いの苦労の共有による悩みの解消
④地域に係る効果	生涯学習成果の活用	15. 生涯学習機会への参加促進
	ボランティア活動の活発化	16. 既存のボランティア活動の参加促進
	社会的な孤立の回避	17. 地域住民間の結束促進
	地域活動の活性化	18. 新たなコミュニティ・ネットワークの創出 19. 地域における子どもや学校に対する関心の高まり

域住民等に実施したアンケート調査結果を整理しているが，地域や立場によって評価が異なる面もみられ総括的なことはなかなか言いづらい．その前提で傾向を読むと各効果のうち保護者と教員は，子どもに係る効果，特に社会性等の向上への期待が高く，管理職と教員は，保護者との連携の充実や学校評価充実への期待度が高い．一方，地域住民は，子どもの安全・安心の獲得や地域における子どもや学校に対する関心の高まりへの期待が大きいが，これはアンケートの回答者の半数以上がPTA関係者であることの影響もあると推察される．

　これら期待度に対して実際の効果としては，学校活動を地域と連携して推進

している地区とそうではない地区を比較すると，いずれの効果項目も前者の方が高い結果となっている。特に注目すべきは，2011（平成23）年とその4年前を比較した調査結果では，地域活動への学校の参加やボランティア活動が盛んになったと評価する保護者が相対的に多く，子どもたちの地域（住民）に対する愛着や信頼感なども高まっていることを保護者だけでなく，地域住民も評価している点である。きっかけは「地域の学校参加」であっても，その波及効果が地域の活動や地域の人的ネットワークの広がりに転じていることがわかる。

ただし気がかりなことは，学校や教員によって子どもに向き合う時間の増減に差がみられ，全体として教員の多忙化の解消にはつながっていないことである。この問題については，地域コーディネーターの配置だけでなく，学校によっては「生涯学習担当教員」（広島県東広島市）や「コミュニティ担任」（東京都杉並区）などを配置することで組織的に改善に努める事例もみられる。また，仕組みを有効に機能させるための工夫・ポイントとしては，①目的・目標の明確化と関係者での共有，②日常的な関係づくり，③多様な関係者を含む体制づくり，④ボランティアの協力や関係づくり，⑤コーディネーター的人材の設置と活躍，⑥学校からの情報発信，⑦教職員の積極的な参加，⑧定期的な打ち合わせの実施，⑨活動に伴う負担の調整，⑩計画的な実施（年間予定の早期周知・調整等），⑪予算の確保等となっている。

(2)「地域の学校参加」から「学校の地域参加」へ

地域とともにある学校づくりは，学校と地域の人々が目標を共有し，当事者意識をもって「熟議（熟慮と議論）」を重ね，相互理解と信頼関係を築くことを求めている。一連の取り組みは，関係者の努力により成果をあげている。ただし，地域の学校支援という目的をもった「学校と地域との連携」は1つのステップでありゴールではない。これからさらに目指すべき目標は，共通の「子ども像」にとどまることなく，共通の「地域像」へ向かうことである。

少子高齢化と人口減少という歴史的転換期に立ち止まって考えるべきことは，農村部から都市部へ，地方から中央へと若者を送り出す役割を学校も担ってきたという事実である。それは，子どもたちの幸せを願う保護者や教師たちの真摯な気持ちであり，安定した生活基盤を求めた必然的な帰結だったとも言えよ

う。しかし問題は，良い学校に進み，良い仕事を得て，安定した生涯を送るという人生モデルに徐々に陰りが見えているということだ。つまり，もはや田舎から都会へ子どもたちを送り込むだけでは，あるいは，良い学校に進学させるだけでは，子どもたちの未来に責任を負うことが困難になっている。情報技術の発達で，今や田舎も都会もライフスタイルという点ではほとんど区別がつかなくなっているし，起業という点でも地域間の条件格差はずいぶん縮減されている。到来する新たな時代を展望するとき，これから求められることは，生を営むその場所で，自分の暮らしを自分の手でどうつくっていけるのか，その力の獲得である。それも抽象的な意味ではなく，暮らしの多様性を生み出すその土地の風土や歴史，文化を基盤にした暮らしが対象だということだ。

　日本ではじめて世界自然遺産に登録された屋久島では，2009（平成21）年に屋久島町教育委員会主催で屋久島ジュニア検定をはじめ，小中学生400人以上が毎年受験している。小学生の合格率は3％，中学生の合格率は8％と難関だ。検定は，地元の人に地元を知ってほしいという願いからレベルは落とさない代わりに，勉強してもらえるように出題した質問に丁寧な解説文を作成している。問題は全100問で，「自然・環境」「文化・伝統・風俗」「地理・歴史」「町政・産業」の四分野から25問ずつバランスよく設定されている。屋久島では，1992（平成4）年に100年の計画として「屋久島環境文化村構想」をまとめている。この構想は，自然界におけるバランス（自然と人間活動のバランス）を喪失させた近代科学技術文明が置き去りにした「共生と循環」の原理を森の文化に求め，世界に向けて文明の原理の転換を問いかけ，実際の試みとしては，自然保護と生活の対立を越えて自然と共生する新たな地域づくりを企図する。そのために島民自身が自然との共生によって得てきた暮らしの豊かさを見つめ直し，地域での生産や生活を新たな未来に向けて組み立て直すことを目指している。屋久島ジュニア検定はこの構想を実行に移す試みで，長年屋久島でガイドを務める専門家と小中高校生が共同して問題作成から解説文の執筆までを手掛けている。

　一方，鹿児島県立屋久島高等学校では，普通科に環境コースを2001（平成13）年に設け，コース生は家庭，社会，化学，地学，生物などの領域から課題研究を設定し，屋久島の環境文化に学びながら屋久島の新たな生産や生活を展

望する．そしてここで注記したいことは，これらの活動は学校だけでは成立していないということだ．屋久島では，島に赴任した先生に対して地元の人がまずは島を案内し，島の理解を深めてもらう活動をしている．先生からは好評で，教材として取り入れることで屋久島の子どもたちに直接還元される．屋久島には，これまで多くの研究者が訪れ研究成果を残しているが，それが島の人に還元される機会は多くなかった．学校が地域の未来づくりに参画しはじめることで，状況が変わりはじめている．屋久島の世界自然遺産登録は必ずしも良い面ばかりではなく，環境資源の過剰利用や一般住民の所得向上につながっていないといった問題を抱えている．しかしながら，登録により屋久島の子どもたちが地域の誇りを回復したと地元の人は口をそろえて言う．

　鹿児島県は，大学と協力してこのほど『鹿児島の100人，100の風景』という図書を出版した．この本は，鹿児島にゆかりのある人で，現在政財学官民の世界でそれぞれ活躍している108人に記憶に残る原風景を尋ねたインタビュー集である．そこから浮かび上がる光景は，いかに彼らが確かな原体験をもち，またそれが彼らの活躍を支えているかである．それに比べ，均質化した風景のなかで現代を生きる子どもたちには，彼らがおとなになったときに自信をもって語れる原風景が果たしてあるのだろうか．国境さえ不明確になりつつあるグローバルな時代において，生まれ育った土地を離れたとき，自分の郷里を自信をもって語れること，その拠り所を強固なものにする教育が，今後ますます重要になってくるだろう．

4．今，何を準備すべきか

　我が国の教育政策は，経済界の意向を常に色濃く受けてきたが，現在もそうである[14]．特に2000年以降の教育改革は，臨教審の時代にぼんやりと現れた新自由主義的教育改革と違い，現実を変える力をもつ点において過去の改革と

14）教育は，なにも経済の必要に限らず，政治や文化などの必要を人間化し，主体化するための目的意識的な手続きであり，教育は他の基本的諸機能の実践的な末端で営まれるという考え方にたてば（宮原，1976），それらを前提にしたうえでどうするかを考えることが肝要である．

は一線を画す。特徴としては，激しい国際競争に勝ち抜くためのエリート層の育成に主眼を置き，社会のひずみとして形成されつつある経済格差や教育機会の平等への関心と対応は後追いになっている。この流れは世界的な動きであり，当面変わることは期待できない。とすれば，われわれはいま何をすべきだろうか。

　まず，学校と地域との関係が，本来相互に規定しあう関係だとすれば，お互いがどう変わるのかを見据えて「学校と地域との連携」の未来像を描く必要がある。そのときに大事なビジョンは，オルタナティブな暮らしを一つひとつの地域で着実に作り上げ，連帯していくという方向性であろう。現実には，競争にさらされているのは何も学校だけではない。厳しい財政状況のもとで地域間競争を余儀なくされているのは地域も同じである。ただ見渡せば，グローバル化の動きを逆手に取り，国や県を飛び越して一集落が世界と直接結びつき，少しでも経済的自立を図ろうとする試みも現れている。そのような地域に共通することは，徹底的に地域の個性にこだわるという戦略である。結局のところ，その土地の自然とその上に築きあげられた文化が地域の個性を形づくる基礎となる。

　振り返れば，高度経済成長期以降の社会変動は，人と土地を切り離し，脱地域化を推し進めた。脱地域化は，地域の様々な縛りから人々を自由にした反面，生存基盤である生産や生活手段を地域の外に委ねることを意味した。生きる糧を自分で作ることよりも作られたものを消費する日常は，その行為以上に我々のメンタリティを支配することになった。社会のムードとして教育が消費の対象となり，学校にさえサービスを求めるマインドの形成はこれまでの延長上にある。教育の脱地域化も，それがたとえ教員個人の意思ではなかったとしても政策として進み，学校を地域から閉ざすことでそれはさらに助長されてきた。

　このように考えると子どもにとって学校と地域が連携する意味は，子どもたちが実感のもてる日常において「生きる」ことを実践する空間を用意できることだろう。それは，思いやりと反目が同居する血の通い合う人と人とのつながりであり，生きる土台である土地固有の風土や動植物に直に触れ合うことであり，それらをうまく利用して生きてきた先人の暮らしの歴史，すなわち生活文化に学ぶことなどを意味する。そのような実践は，学校を支配する数値や序列

化とは異なる価値観によって自分を取り戻し，生活を立て直すことにつながっていくはずである。また，郷土の原風景を思い描けるような実体験がなければ，抽象的なナショナリズムしか育ちえない。逆説的ではあるが，国際競争力に打ち克つグローバルな人材が，脱地域化した教育のみからは生まれにくいと認識すべきである。

　一方，地域にとって学校と連携することの意味は，保護者も含めて教育の消費主体としてではなく，教育の主体として子どもと地域の未来に責任をもつことの自覚を促し，それを実践する訓練の場になっていくことである。学校と地域との要求にはしばしば対立や矛盾が生まれるものだが，それを乗り越えていく営みこそが，「おとなの学び」の拠点としての学校に期待されることである。

　以上のことを実行に移す手がかりは，学校教員の地域参加にある。それは，公務として地域行事等に参加するという趣旨ではなく，一人の住民として地域を知り，楽しむという意味である。この場合地域とは，地域に住まう多様な人々のことであり，その土地の自然や風土，文化や歴史のことをさす。子どもが地域の中で育つためには，子どもと地域がつながる契機が必要で，疑似世界に囲まれて育つ子どもたちがホンモノと出合う機会は自然発生的には生まれない。それができるのが学校であり，日々子どもたちと向きあう教員である。しかし，教員自身が地域の人や資源を知らなければ，つなげようとすること自体が負担になる。学校と地域との相互理解と信頼は，協働によって芽生えるものであるが，きっかけは一人ひとりの日常的なかかわりのなかに潜むものである。

　教員が地域を知ることで広がる可能性がある。その1つが教材研究や教材開発である。各地ですでに試みられているように学校と地域との連携は，教育課程や授業改善に結びつく。地域の多様な資源や専門家を教育に生かす力が教員に期待される。もう1つの可能性は，創造の自由空間をつくることである。伝統の「継承」と同時に新たな「創造」を生み出すためには（平成20年中教審答申），様々な経験や知識がぶつかり合うことが必要だが，人々の価値観は多様化するものの人付き合いは希薄化，画一化し，交じり合う機会は少ない。今や世代間ギャップは，同じ教員集団の中にも存在する。「生きる力」や「人間力」が盛んに語られる今だからこそ，教員が地域のリアリティのなかに飛び込み，本当に必要とされる力を肌感覚でつかみたい。学校や子どもの単なる代弁者とし

てではなく，地域の一員として地域を楽しみ，学びを通して変わっていける教員の存在が，学校の未来を啓く"地域連携"の推進力となるだろう。

■ 引用文献

鹿児島県環境林務部自然保護課・鹿児島大学鹿児島環境学研究会（編）　2013　鹿児島の100人100の風景．南日本新聞社．

鹿児島県教育庁社会教育課．2013　平成25年度第1回学校支援活動推進委員会資料．p.4.

松原治郎．1977　地域社会と教育．松原治郎（編）コミュニティと教育．学陽書房．pp. 11-36.

三菱総合研究所．2012　平成23年度「生涯学習施策に関する調査研究」学校と地域の連携施策の効果検証及び改善事例収集に向けた調査研究報告書．

三菱総合研究所．2013　平成24年度「生涯学習施策に関する調査研究」「地域が学校と子どもたちの活動を支える仕組み」の実態把握と質の向上に関する調査研究報告書．

宮原誠一．1976　宮原誠一教育論集 第1巻 教育と社会．国土社．

大野晃．2005　山村環境社会学序説—現代山村の限界集落化と流域共同管理．農山漁村文化協会．

山本努．1997　現代過疎問題の研究．恒星社厚生閣．

屋敷和佳．2012　小中学校統廃合の振興と学校規模．国立教育政策研究所紀要，**141**, 19-41.

III

教育認識を深めるために

第8章

近代教育思想批判後の「新しい教育学」の原理

1. 原理系科目を軽視する近年の傾向

　小学校，中学校，中等教育学校，高等学校（以下，小・中・中等・高と略）の教員となることを志す大学生たちや現職教員には，人間とは何か，教育とは何か，学びによる人間の変容とは何か，といった問いにじっくりと取り組むことが求められるべきではないだろうか。様々な定義が錯綜している「学力」なるものを効率的に上げる技術や，子どもを教師に従わせる技術にばかり関心がある教師には，教師に求められる根本，つまり，教育の本質への理解が欠けていると思うのは，特別おかしなことではないだろう。「教育哲学」や「教育史」も含めた，いわゆる原理系科目，とりわけ「教育原理」という授業は，上記の問いに取り組んだ思想家たちの考えや，それに基づいて実践した結果である現実の歴史を学ばせることで，この根本を大学生たちにまさに根付かせる役割を期待されてきた。しかし，今日の教員養成課程では，原理的な問いに取り組むことは明らかに軽視されている。現職教員を対象とした教師教育ではなおのこと，この傾向が顕著である。

　それを象徴するのが，1998年の教育職員免許法改正である。これによって，「教育の本質に関する科目」を教員養成課程に置くという規定はなくなった。「教職に関する科目」の1つとして位置づいている「教育の基礎理論に関する科目」に「教育原理」（私の本務校では「教育の理念と歴史」という名の授業）が存在することは事実である。だが，この位置づけにおいては，「教育の理念並びに教育に関する歴史及び思想」を大学生たちが学ぶことは期待されているものの，それが教員養成課程の核をなすものとはもはやみなされていな

い。それどころか，教職大学院の創設や「教職実践演習」という新たな授業の導入などにみられる，今日の実践的指導力重視の教員養成課程改革の流れのなかでは，原理はすなわち理論と理解され，教育現場すなわち実践と乖離しており，問題を抱えた授業であるかのようにすらみられていると言える。同様のことは，「教育哲学」の授業にも生じている。教育哲学は選択必修科目の1つでしかない。今，大学生たちは教育哲学を学ばなくても教師になることができる。現職教員向けの免許状更新講習にも原理系の科目は存在しない。

　こうした変化の背景を読み解く2つの視点がある。1つは，教員養成課程・教師教育の改革が，理論と実践の対立という枠組みのもとで説明され，実行されていることである。例えば，大学の教員養成は，「理論中心で実践との関連性が十分でない」（教育職員養成審議会第一次答申，1997年），「大学の教員養成における理論と教育現場における実践とが乖離していてはならず，その間に有機的な連携が確保されていなければならない」（同第二次答申，1998年）などとされ，「実践的な能力を持った教員を養成する」（国立の教員養成系大学・学部の在り方に関する懇談会，2001年）と宣言されている。近年でも，「教員の資質能力向上に係る当面の改善方策の実施に向けた協力者会議」のワーキンググループが2013年に出した「教職大学院を中心とした大学院段階の教員養成における改革と充実等について」では，「課題探究的な活動を自ら体験し，新たな学びを展開できる実践的指導力を修得する」ことを教員志望の学生たちや現職教員に求める方針が打ち出されている。こうした文言をみて教育哲学研究者として私が思うのは，これらがかなり古い発想だということと，現職教員を上から見下ろした発想だと感じられるということである。これらについては次章で詳しく説明しよう。本章では，もう1つの視点に力点を置いて話を進めたい。

　さて，もう1つの視点とは，原理系科目は教育思想家の名前やその著作名，教育に関する歴史的事実を単に覚える授業にすぎないという傾向が残念ながら存在したということである。大学の授業でルソーやデューイといった思想家の名前を聞いたが，それ以上のことはもう印象にないという方や，ルソーは「子どもの発見」，デューイは「経験主義」の思想家だと知っているが，それらが現代の教育実践とどう関係するかわからないという読者の方も多いのではないだろうか。だが，小玉重夫の言うように，このこと自体は「教育哲学」や「教育

史」という「学問の性質そのものの問題ではなくて，現在の教員養成・教員採用の制度にかかわる問題」(小玉，2003)なのである。教員採用試験の問題が暗記問題である以上，大学の授業も暗記科目にどうしてもならざるをえない。そうでなければ，大学の授業は役に立たないと学生たちに言われてしまうし，大学教員としても学生たちの採用試験の結果は大切だからである。以上2つの視点をまとめると，原理系科目は理論的で，教育実践に役立たないと言われたり，しかし，一方では逆に，知識詰め込みでないと教員採用試験に役立たないと言われたりしていることがわかる。

しかし，一体，原理系科目が学生たちや現職教員に「役立つ」とはどういうことだろうか。このことを考えてみるのが本章の目的である。そのために，まず，原理系科目が教育学という学問全体にも教員養成課程にも強い影響力をもっていた時代を振り返り，それがどのような変化を遂げたかを次節で確認しよう。言い換えれば，戦後教育学は何を主張し，それが特に1980年代以降，どのように衰退していったのかをみていこう。次に，戦後教育学が衰退した後に現れた「新しい教育学」を支える，現在の「教育哲学」のあり方を概観したい。このことを通して，教育哲学を理論と理解することの誤りが明らかとなり，従来とは異なった意味で，教育哲学が役立つことが理解されるだろう。実は，現代の教育哲学は，戦後教育学が依拠していた近代教育思想を批判する見識を獲得して，かつてとは全く異なる役割を果たしているのである。

2. 戦後教育学の原理と戦後教育学批判の台頭

(1) 近代教育思想に支えられた戦後教育学の原理

まずは日本の戦後教育（学）を規定してきた対立図式，55年体制下での対立図式を示しておこう。図8-1をみていただくとわかるように，戦後の教育に関する議論は，上部の円，つまり，左右2つの陣営の対立として描くことができる。もちろん，単純化の誹りは免れないだろう。それでも，55年体制は保革，左右の対立であり，それが教育の議論をも基礎づけていたことは否定できない。わかりやすく表現すれば，国と日本教職員組合が，自民党と当時の社会党や共産党が，それぞれ保守（右）と革新（左）の陣営を代表し，対立してい

第 8 章　近代教育思想批判後の「新しい教育学」の原理

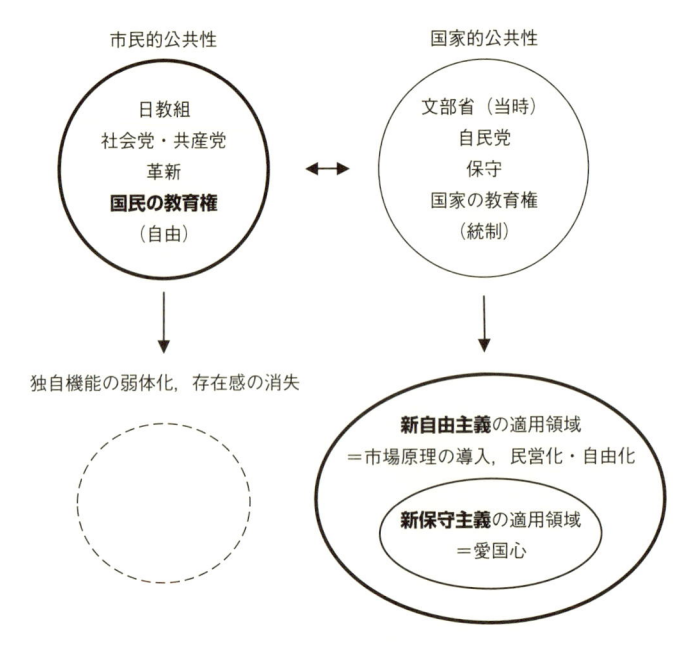

```
         市民的公共性                    国家的公共性

        ┌─────────┐                ┌─────────┐
        │  日教組    │                │ 文部省（当時）│
        │ 社会党・共産党│    ←→        │  自民党    │
        │   革新    │                │   保守    │
        │ **国民の教育権**│              │ 国家の教育権 │
        │  （自由）  │                │  （統制）  │
        └─────────┘                └─────────┘
             ↓                           ↓

    独自機能の弱化，存在感の消失

                                  ┌───────────────┐
                                  │ **新自由主義**の適用領域│
        ┌ ─ ─ ─ ┐                 │ ＝市場原理の導入，民営化・自由化│
        │       │                 │  ┌─────────┐│
        │       │                 │  │**新保守主義**の適用領域││
        │       │                 │  │  ＝愛国心  ││
        └ ─ ─ ─ ┘                 │  └─────────┘│
                                  └───────────────┘
```

図 8-1　日本の戦後教育を規定してきた【日教組】対【文部省】という対立図式
(cf. 家永三郎教科書裁判)

たのが，1980 年代より前の日本の姿である。公教育について言えば，教育に関する権利は国にあると主張する立場と，教育を受ける子どもや実際に教育を行う保護者・教師・地域の人々にあるとする立場が対立した。後者の主張を代表する考え方は「国民の教育権」論と呼ばれた。国は教育の外的事項，すなわち，条件の整備にのみ仕事を限定すべきであり，何をどのように教えるかは教育に実際に携わる人々に委ねられるべきだと説いたのだった。例えば，戦後教育学を代表する教育学者として堀尾輝久がいる。彼は『現代教育の思想と構造』という本で，ヨーロッパ近代に範を取った「近代教育原則」を導き出した。堀尾によれば，「近代教育思想の具体化」とは，「学校は家庭の延長であり，その機能の代替であり，別の側面でいえば私事の組織化であり，親義務の共同化（集団化）であ」るとすることにあった。つまり，公教育とは「私事の組織化」であった（堀尾，1971）。階級・身分の鎖から解き放たれたヨーロッパの近代的個人の姿をモデルにして，国家の介入を受けない自由な学習者として子どもが，

その学習を保障する保護者や教師，地域の人たちが位置づけられた。教育はまず子どもの権利で，保護者の義務である。したがって，近代の市民社会以来の人間観に拠るならば，教育は私事であり，国がとやかく口を出すことではない。学校も家庭の代替をするものであるから，学校での教育や子どもの内面にまで国が介入し操作を加えようとすることは許されない。これこそが戦前の教育の誤りでもあったからである。

　教育に統制を加えようとする国とそれからの自由を得ようとする市民＝子ども・保護者。政治・経済とそれらから独立した価値を主張する教育。政治上の保革の対立をそのまま反映した，国の統制と子どもの自由という二項対立を象徴する具体的な歴史的出来事を1つだけ挙げておこう。「家永三郎教科書裁判」と呼ばれている出来事である。高校の歴史教科書『新日本史』を執筆した歴史家，家永三郎が，教科書検定そのものや自らの教科書についてなされた検定の内容について起こした裁判が「家永三郎教科書裁判」である。1965年提訴の第一次訴訟，1967年提訴の第二次訴訟，1984年提訴の第三次訴訟があり，第一次は国家に賠償を請求する民事訴訟，第二次は検定不合格の取り消しを求める行政訴訟，第三次は1982年の検定に対し，国家に賠償を請求する民事訴訟であった。裁判の期間が長く，論点も多岐にわたるため，詳細を述べることはできないが，重要なことは，第1に，当時は，国が教科書の検定を行うことそのものが日本国憲法や教育基本法に反するのではないかと考えられたということである。第2に，第二次訴訟の第一審判決（1970年の杉本判決）にみるように，実際に，判決として教科書検定が違法であると判断されたことがあるということである。今や国が教科書検定を行うことは当たり前のことと理解されていると言えるだろう。こうしてみると，1980年代より前とそれ以降に日本の社会，教育に大きな変化が起こったことを，この「家永三郎教科書裁判」は示唆しているのである。

　こうして1980年代に入るまでは，戦後教育学の考え方は，近代に私たちの社会が個々人の尊厳を重視する市民社会になったことを拠り所とし，左派教育学を中心として組み立てられてきた。たとえ，日本の場合には明治以降，国が国民を育成するための公教育を義務化したとしても，内面的な人間形成にかかわる教育を国がしたいようにしてよいわけではない。私事としての教育をサポ

ートする役割こそ，国民教育なのだと戦後教育学では考えたのであった。近代ヨーロッパの理念，近代教育思想が価値のあるものとして無条件に受け入れられていたとも言える。このことの積極的側面を1つ挙げるとするならば，近代の市民社会をモデルとすることで，公共的な事柄について考え，より良いあり方を実現するために行動するのが，国だけではなく，一般の市民でもあるという社会の姿を1980年代より前には提示しえたということがある。今井康雄は次のように述べている。「[国民の教育権論によれば：筆者注] 本来の教育学的な問い―たとえば，何が，いかなる教材によっていかに教えられるべきか―については，行政的な措置ではなく，「子どもの学習権」を支えとする教育学的論理に基づいた，公共的な議論が決定権を持つべきなのである。[旧] 教育基本法第10条―公教育の外的条件整備への教育政策の自己限定―は，従って十分な教育学的根拠を有していたことになる。国民の教育権論に関する堀尾の理論によって，国家的な権威や命令に根拠を求める必要のない教育学的公共性の，理論的基礎が整えられたといえる」（今井，2004）。つまり，国民の教育権の言葉に倣えば国民は，国とは別に公共的な事柄としての教育について議論し，そのあり方を提示することが認められるということである。公共性には二種類あり，1つは国が主体となる国家的公共性だが，もう1つ，国民が主体となる市民的（教育に関しては教育学的）公共性が存在する理論的基礎を，国民の教育権の議論は与えていたと今井は述べている。私事と言っても，それぞれ個人が好き勝手をするのではない。私事として教育を理解する市民は，そのより良いあり方を求めるために公共的な事柄としての教育に積極的に携わる。そういう可能性に開かれていたのがこの時代だということになる。これは，自分の子どもの利益だけを追求し，学校に理不尽な要求を突きつけるとされる現在の「モンスター・ペアレンツ」と比較してみるとわかりやすくなるだろう。かつての保護者も今の保護者も教育を私事だと考える。しかし，今の問題ある保護者が，孤立して自分の子どもの利害だけを追求するのに対し，国民の教育権が示すかつての保護者は，市民として教師や地域の人と連帯して，公共性の空間を成立させる存在として位置づけられていた。だから，子どものためと思えば，子どもの言いなりになるのではなく，むしろ教師や地域の年長者の言うことを聞くように，わが子を叱りもしたのだ，となる。

(2) 1980年代以降に生じた戦後教育学の枠組みの無効化

　図8-1の下部の円に目を移そう。これは，1980年代以降に国が政策転換を行い，新自由主義（および新保守主義，あるいは国家主義）を政策に採用するようになったことを示している。1984年，中曽根内閣直属の教育諮問機関として臨時教育審議会が発足した。この審議会は1987年の最終答申までに，国際化と情報化，学歴社会の是正，生涯学習の体系化，高等教育の多様化など，様々な提言を行った。その特徴は，教育産業による自由競争を求め，保護者・子どもを教育サービスの消費者と捉え，消費者主権の原理を唱える自由化・個性化論が展開されたことである。何より重要なのは，1985年の第一次答申で「個性重視の原則」を掲げたことである。それは次のように説明されていた。「今次教育改革において最も重要なことは，これまで我が国の教育の根深い病弊である画一性，硬直性，閉鎖性，非国際性を打破して，個人の尊厳，個性の尊重，自由・自律，自己責任の原則，すなわち個性重視の原則を確立することである」。これは大きな変化だった。なぜなら，子どもの個性の尊重を訴え，これまでの画一的な教育のあり方を批判してきたのは先ほどの図の革新の陣営，左派教育学の側であり，国，文部省の側ではなかったからである。「ゆとり」という言葉の採用にも言えることだが，この時期，国は教育改革を左派の陣営の言葉を流用して行うという変化を見せた。ただし，個性の中身は，子どもの個性に限らず，学校の個性までも含む形でこの改革は実現されていった。その背景にあったのが，新自由主義の思想だった。「民営化・自由化」や「規制緩和」で知られる新自由主義の政策は，アメリカであればレーガン政権（1981-1989年），イギリスではサッチャー政権（1979-1990年）のもとで採用された「小さな政府」の構想と言い換えることができる。日本も中曽根政権下（1982-1987年）でこの政策を採用することで，これまでの政策を転換した。図8-1をもう少し詳しく説明しておこう。

　下部の右側の二重の円のうち，外側の円は従来の国の大きさを示す。「大きな政府」の姿である。これを内側の円まで小さくしたのが，「小さな政府」である。風船をイメージしてほしい。大きな風船の空気が抜けて小さくなる。その空気に当たるのが，これまで国が責任をもって国民に提供してきた鉄道や電信電話，郵便などのサービスである。それらが民営化されていった領域である。

小泉政権時代の 2005 年に郵政民営化が話題になったことも思い出していただけるだろう。これまでの国の規制を緩和し，市場の競争原理に委ねることで経済の活性化を図る。こうした政策が新自由主義の政策と呼ばれるものだった。公教育もこの政策と無縁ではない。確かに民営化と言っても，すべての公立学校が私立になったわけではない。しかし，これまでは公立学校とは相いれないものとされてきた民間の教育が，民間人校長の採用，民間の教育プログラムの採用，塾との提携などの形で入ってきたこと，また，学校選択制が導入されることで，保護者・子どもに選ばれる学校となるための企業努力が公立の学校に求められるようになっていったことを考えてみると，新自由主義の波が公立学校にも押し寄せたことがわかる。個性重視には学校の個性も含まれていると先ほど述べたが，まさに学校は他の学校と異なる魅力を打ち出し，選ばれるだけの個性をもつことが求められるようになった。また，学校評価制度も教員評価制度も，学校や教師も「民間並みに」厳しい競争にさらされるべきだ，それが教育の質を高めることにつながるのだ，という発想が急速に国民的合意を得たことに発していると言える。

　小さな円の中に記された新保守主義についても述べておこう。国は小さくなるのだが，何の責任ももたなくなるわけではない。教育について言えば，基礎学力を国民に保障することと日本人としてのアイデンティティを育成することに責任をもつのだとされた。後者が愛国心の問題として話題になったことである。1999 年に「国旗及び国歌に関する法律」が成立し，日の丸・君が代を国旗・国歌とする法律的根拠が与えられたこと，2002 年に道徳の副教材として文部科学省の発行する『心のノート』が全国の小中学校に送付されたこと，さらに，教育基本法の改正論議のなかで，日本の伝統文化の尊重や，郷土や国を愛する心の涵養が求められたことを新保守主義の主張の表れとみることができる。1980 年代以前のように，国は公教育のあらゆることにいちいち干渉し統制を加えたりはしない。けれども，最低限，国民に国を愛する心をもってもらうことは要求する，というわけである。小さくなった国の責任領域を担う思想が新保守主義である。つまり，1980 年代以降の日本は，市場の競争原理のなかで自由な選択を行う個人主義の発想に基づく新自由主義と，国民の日本人としての文化的アイデンティティを強調する共同体主義に基づく新保守主義が言わば車の

両輪のように機能することで動いてきたのだということになる（大内，2003）。

　1980年代以降と言えば，子どもに「ゆとり」を与えるとした政策動向についても述べる必要がある。子どもの興味や関心に沿った教育や子どもの生活経験をもとにした教育を求める立場を児童（子ども）中心主義と言うが，新自由主義とともに，この時期の日本では，児童中心主義の教育を求める声が強くなっていた。原因は受験競争や画一的で管理主義的な教育に原因があるとされる校内暴力やいじめの問題などだった。1989年の小・中・高の「学習指導要領」改訂告示の際には，基礎基本の重視や個性教育の推進といった方針が引き続き確認されるとともに，小学校低学年では理科と社会を廃止し，「生活科」が設置されることとなった。これは子どもの生活経験に基づく教育を求める声に対応したものだと言える。この指導要領の改訂と1991年の指導要録の改訂をふまえて提示されたのが「新学力観」（新しい学力観）だった。「子どもたちの主体的な学習活動」「問題解決的な学習活動や体験的な学習活動」を強調したのが，子どもの関心や経験とのかかわりのわからない詰め込みの知識によって測られる古い学力に対抗する形で表現された「新学力観」であった。この傾向は，1996年の中央教育審議会答申にも引き継がれ，今日では教育界では知らぬ人のない「生きる力」の育成への提言となった。

　次に小・中の「学習指導要領」が改訂されたのが1998年である。この改訂が「ゆとり」教育を代表するものとして批判されることになった改訂であることは説明するまでもないだろう。その特徴は3つで，1つ目は学校週五日制の完全実施，2つ目は教育内容の大幅な削減（3割減），3つ目に「総合的な学習」の時間の導入だった。「総合的な学習」は次のように位置づけられていた。「『総合的な学習の時間』の教育課程上の位置付けは，各学校において創意工夫を生かした学習活動であること，この時間の学習活動が各教科等にまたがるものであること等から考えて，国が目標，内容等を示す各教科と同様なものとして位置付けることは適当ではないと考える。……具体的な学習活動としては，例えば国際理解，情報，環境，福祉・健康などの横断的・総合的な課題，児童生徒の興味・関心に基づく課題，地域や学校の特色に応じた課題などについて，適宜学習課題や活動を設定して展開することが考えられる。その際，自然体験やボランティアなどの社会体験，観察・実験，見学や調査，発表や討論，ものづ

くりや生産活動など体験的な学習，問題解決的な学習が積極的に展開されることが望まれる」。ここでも国の政策の変化を読み取ることができる。国は「総合的な学習」については干渉しない，学校の独自性を活かして構わない，と述べているからである。しかし，この「学習指導要領」の本格実施は，日本の子どもに学力低下をもたらす，あるいはすでにもたらしたと激しい批判にさらされることになった。その結果，2004 年には文部科学省も日本の子どもの学力低下を認め，2008 年の小・中の「学習指導要領」改訂告示によって，事実上，児童中心主義に基づく「ゆとり」教育路線は修正されることとなった。

　以上をみてみると，1980 年代以降の教育改革は，右派の新自由主義と左派の児童中心主義のハイブリッド（混成物）として成立していたことがわかる。両者とも当時は熱狂的なまでに受け入れられた主張だったが，今日では信頼を失ってしまったと言えるだろう。新自由主義については，「格差」をキーワードに批判がなされた。市場の競争原理を導入した結果として，経済的には「負け組」と呼ばれる人たちが必然的に生み出された。その人たちを救うためのセーフティ・ネットを「小さな政府」は用意せず，「自己責任」で片づけたと非難された。教育の場合でも，学校選択で生じた「負け組」（選択されず入学者が激減した学校），学力調査の「負け組」（学校，子どもとも）を生み出した改革だとして問題視された。また，公教育をサービス業と同じものとみなし，教育の固有性を無視したために教師と児童・生徒・学生の教育的関係，保護者・教師・地域の人々の関係，すなわち，市民的・教育学的公共性が破壊されたとも言われた。保護者や子どもが消費者として振舞い，教師が教育者ではなく，サービスの供給者としてしかみなされない。「モンスター・ペアレンツ」や学級崩壊の問題は，しばしば保護者個人の問題，子ども個人，教師個人の問題とみなされがちだが，原理を活かして政策の思想を読み取り，歴史を眺めれば，こうした問題が起こるのは当たり前だったとわかるはずである。何しろ当時の内閣の諮問機関が，教育はサービスだ，保護者・子どもは消費者だと公言してしまったからである。企業の商品にクレームをつける人がいるように，学校の教育や教師にクレームをつける保護者・子どもが生まれてくるのは当たり前と言わざるをえないだろう。困った親や子どもが増えたとか，教師の質が下がったという声が当時よく聞かれたが，日本の政治・経済上の政策や社会の変化の底流に

2. 戦後教育学の原理と戦後教育学批判の台頭

ある思想を論じる原理的観点が弱かったと言わざるをえない。

児童中心主義についてはどうか。児童中心主義は，もともとは新教育運動に由来する思想的立場である。それは，1980年代に入って現れたものではなく，19世紀の後半から20世紀の初頭にかけて，世界各地で子どもの生活経験に即した教育を求める教育改革の運動として登場したものである。その当時も児童中心主義は学力低下をもたらすという批判を浴びていた。教育史が示すように，教育改革は教師・教科中心か児童中心かという2つの極を振り子のように揺れ動いてきた。日本の「ゆとり」教育もその揺れから来たものだと言える。ただし，教育哲学的に確認しておくべきは，それが今回，ある特徴的な仕方で展開したことである。それは，新自由主義と癒合する形式を取ったことである。新自由主義は市場の競争原理の導入を柱としている。これに対し，児童中心主義は個々の子どもの生活経験に即した教育を目指すものである。両者は特に共通点をもたない。それどころか，子どもに即する児童中心主義は競争に子どもを駆り立てることには反対のはずである。ところが，両者はともに「ゆとり」教育を推進することとなった。なぜか。

その理由は新自由主義と児童中心主義を結び付ける媒質として「個性」と「私事化」が存在したからではないか。両者はともに「個性」と「私事化」を強調していた。国の統制によらずに子どもの個性の自由な発現を認める。それは，すでに見た戦後教育学の目標でもあった。近代に生まれた価値を帯びた「個性」と「私事化」の理念が実現されることを期待し，その理念が市場の競争原理へと変換されていることに強力な抵抗ができなかった，しなかったことがこの癒合を生み出したと考えられている（大内, 2003）。「私事の組織化」としての教育は「教育の私事化」＝市場化・民営化と，また，教育の場での子どもの個性は，教育サービスの選択の仕方としての個性や，競争に生き残った卓越者だけの個性と並置され，教育改革を推進してきたと言える。この教育の状況も，やはり政治の状況と，すなわち，保守と革新の対立，左右の対立が曖昧化した政治状況と重なりあっている。もはや，戦後教育学の枠組み，すなわち，国による統制対子どもの自由といった二項対立的，二律背反的な思考枠組みでは政治も教育も捉えることはできないということになる。今井の言葉を借りれば，「臨教審路線は，70年代以降明瞭になってきた経済的・国家的関心と私的

関心との共棲という傾向を，さらに推し進めるものだった」のであり，「私的関心を解放し，挑発することは，国家的目標にとってもはや何らの「危険」も意味していなかった」（今井，2004）ということになる。かつては「個性」や「私事化」とは革新勢力からの挑戦を，国にとっての危機を意味した。しかし，今日では，国が個性の実現や私的利害の追求を国民に囁いてあげれば，国は連帯する市民を，消費者となった孤立した個人に解体することができ，効率的な統制が可能だということである。自由による統制――それは，誰もが否定しえない近代に生まれた概念が，近代という文脈から離れ，自在にどの立場の人たちにも流用可能となったということでもある。日本の社会と教育について考えるためには，近代的価値を帯びた個性のような理念を口にすれば良い時代は過ぎ去っていることを，心に刻んでおく必要があると言える。そして，原理系科目はこうした変化を読み解く視点を本来は与えるはずなのである。現に，現代の教育哲学で必須の文献とされている『監獄の誕生』を著したフーコーの思想にはその手がかりがある。また，「ゆとり」教育を支えた児童中心主義の誤りを回避する道も実は同時代に用意されていた。デューイとヴィゴツキーの再評価がそれである。次にそれらをみていこう。

3. 近代教育思想批判に基づく「新しい教育学」

(1) フーコーの主体化＝従属化論

　高校の倫理の教科書にも登場するミシェル・フーコー（Michel Foucault, 1926-1984）というフランスの哲学者が展開した権力論は，自由による統制，個性の重視を通した国家による管理を読み解く枠組みを与えてくれる。今日では，フーコーの本は「新しい教育学」，冷戦後教育学のもはや古典となっている。フーコーの思想は，人文科学・社会科学のあらゆる領域に影響を与えていると言ってよいが，特に，主体的であることを金科玉条としてきた近代教育思想や戦後教育学にとって，権力装置が主体化を遂行するものであり，主体化は従属化と同義であるとするフーコーの分析は，強烈な破壊力をもつものとなった。一言で言えば，透明で自由な主体なるものは存在せず，主体とは権力による主体化の産物だということである。こうした，権力装置による主体化＝従属化とい

3. 近代教育思想批判に基づく「新しい教育学」

うフーコーの分析を説明するために，近代を特徴づける監獄，学校，工場，軍隊，病院といった制度・施設に共通してみられるものと彼が述べた2つの権力に関する説明を，ここでは『監獄の誕生』という本の内容を中心に，簡単に紹介しよう。

近代の権力を代表する1つ目の権力は，規律型権力と呼ばれるものである。上記の制度・施設では，内部にいる囚人や児童・生徒といった人々の身体を規制し，規律訓練を実行する。このことによって，従順な身体が形成されることになる。例えば，監獄や学校では，囚人や児童・生徒はいつ，どこにいるべきか，何をするべきかを定められている。これらが時間，空間の配置，身体の部品化と呼ばれる。監獄と学校を同列に扱うことには異論もあるだろう。だが，ここでフーコーが監獄としているのは，囚人をひどい目に合わせる場というようなものではない。身体に直接に暴力を加えるのは，むしろ近代以前の刑罰の特徴である。つまり，権力は近代以降，身体刑のような身体を痛めつける形式ではなく，身体に規律訓練を加えることで従順さへと主体化する形式に変化したのである。ここに，監獄と学校の共通性がある。それを象徴するものとして，よく知られているのは，哲学者ジェレミー・ベンサム（Jeremy Bentham, 1748-1832）が描いた一望監視刑務所のデザインである。パノプティコン（一望監視装置）と呼ばれる仕組みがベンサムの設計した円形監獄にはみられるとフーコーは言い，そこに規律型権力の特徴を見いだしているのである。

その特徴の1つは，権力の行使が経済的・効率的に行われることである。中央にある監視塔，そして，その周囲に円周上に配置された独房。1つの監視塔から多くの囚人を監視，管理することが可能となっている。2つ目は，権力が没個人化されていることである。監視塔からは独房の中が丸見えとなっているのに対し，独房の囚人からは監視塔の様子は見えないような仕掛けになっている。見張り，権力者の実体は不明，匿名のままなのである。3つ目は，権力が自動的に働くことである。独房の囚人は監視塔に見張りがいようがいまいが，常に監視されていると意識せざるをえない状態に置かれている。こうして，囚人は見張りの有無にかかわらず，自分の内面に見張りの目を置き，自分で自分を監視するようになってしまう。こうして，権力は個人の外部から物理的に行使されるものではなく，身体を規制することで個人の内面，心の中から働くもの

となっていった．それが近代の権力の特徴なのだとフーコーは論じている．学校での試験や個別の指導にも，権力者は見えないが，児童・生徒を常に見える状態に置いておくこと，しかも児童・生徒を大雑把に束として扱っているわけではなく，一人ひとりを独自な存在として明らかにすることが目指されている様子が表れている．「規律・訓練的な権力のほうは，自分を不可視にすることで，自らを行使するのであって，しかも反対に，自分が服従させる当の相手には，可視性の義務の原則を強制する」（Foucault, 1975/ 邦訳，1977）のである．

さて，第2の権力は，司牧者権力と言われているものである．これは羊飼いと羊の関係でたとえられている，キリスト教の司祭と信者の関係をモデルとした権力である．キリスト教には告解という制度がある．私自身も子どもの頃に経験があるが，教会の狭い個室で神父様と二人きりになり，信者である私は自分の内面を神父様＝神様に告白することを求められた．私の場合，「弟の悪口を言いました」といったくらいのものだったのではあるが．こうして信者は司祭に隠している・隠しておきたい私秘的な内面を信頼関係のもとで打ち明ける．フーコーはこれを個人の内奥を監視する技術だと理解し，近代以降は，これが，教師と児童・生徒，カウンセラーとクライアントといった，ある制度・施設内での告白として機能しはじめたと分析した（Foucault, 1976/ 邦訳，1986；フーコー，2001）．悩んでいる子どもの相談に乗ったり，傷ついた子どもの心を癒したりすることが権力の発動だとは何事か，という意見もあるだろう．しかし，あるコミュニティの住人が皆教会に来て，神父に告解をしている姿がキリスト教圏で壮大な規模でみられることを想像してみてほしい．これはどう考えてもコミュニティの秩序維持のために存在する技術であろう．全国に備えられた学校にも同じことが言える．フーコーが論じているのは，一人ひとりの個人の心に寄り添う行為が，個人のためであると同時に学校の，学級の秩序の維持という統制的目的と不可分であることから目を背けてはならないということだろう．そして，ときに，丁寧な児童・生徒理解に基づいた教師の指導や，カウンセラーの言葉かけは，児童・生徒を児童・生徒自身の内面とのみ向き合わせ，教師や学校に存在するかもしれない問題に目を向けることを難しくしてしまうかもしれない．校内暴力に対する管理教育，管理教育から逃れて巧妙化したいじめ，いじめに対する心のケア，心のケアの及ばないインターネット空間でのいじめ，

3. 近代教育思想批判に基づく「新しい教育学」

といった流れをみるとき，心に及ぶきめ細かな指導が，マクロからミクロへと変換された司牧者権力という名の統制のメカニズムであること，学校教育そのものが抱える構造的問題を回避して，学校教育をひたすら現状のまま維持しようとする試みであることを考えずにはいられないだろう。

まとめると，近代に生まれた監獄，学校などの制度・施設は，そこで生活する人々の日常の身体活動を全体的に規制し，かつ，試験等で個別化することで，権力を個人の内面から働かせ自発的服従を生み出す装置だとされる。学校について言えば，児童・生徒はただ毎日，学校のなかで生活するだけで，自分自身がどのような人間であり，どのように行動すべき，行動したい存在であるかを日常的に暗黙のうちに教えられることになる。こうして，学校で働く権力は，児童・生徒を主体化＝従属化するのである。身体への監視と心理学をはじめとする人間科学の知のあり方は，この権力の一部である。それらは「心」なるものが実在するかのように思わせ，正常・異常，優秀・劣等，性格特性等によって規格化可能なものとして「心」をリアルなものとして作り出し，児童・生徒に自分自身の「心」を特定させているのである。

権力と主体に関するフーコーの分析が，戦後教育学的理解とどのように異なるかを図で示すと，図8-2のようになる。新自由主義的政策を読み解くためには，左右の対立を反映する形で国家の統制とそれからの自由を求める個人の抵抗を二項対立的に描く枠組みではなく，権力と不可分のものとして主体性を描くフーコーの枠組みが必要となる。では，戦後教育学を代表する堀尾はフーコ

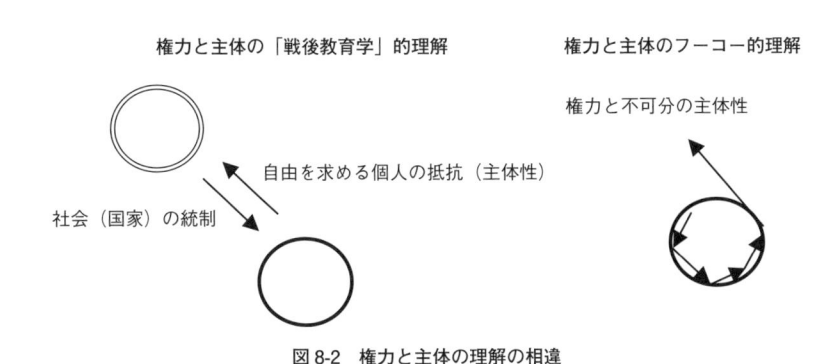

図8-2 権力と主体の理解の相違

ーをどう評価したのだろうか。堀尾は次のように述べている。「なお，近代教育の本質把握とかかわって，M. フーコーの言説が引かれる場合が多い。…しかし，その歴史観と歴史像に私は疑問をもっている。学校の歴史を一本調子で，規律訓練的機能であり，囲い込み機能だとしてとらえることは，歴史のひだと，その底にひそむ，抵抗的な力の存在を見失わせる恐れがあるからである」(堀尾，1997)。堀尾のフーコー理解が戦後教育学的枠組みで誤ってなされていることは明らかだろう。囲い込む側と抵抗する側の対立は決して自明なものではないのである。例えば，左派の教師が国家権力からの自立と解放を目指して学校を民主化しようとし，子どもたちを動員したという『滝山コミューン 1974』に描かれているような戦後教育学を象徴する姿（原，2007）は，信頼する担任の先生によって子どもたちが主体化＝従属化されていく様子を描いたものとして理解すべきである。堀尾の理解では，抵抗的な力とされているものは，主体化＝従属化された子どもたちに見いだされるのであろうが，この左派の教師になびかずに友人たちからも疎外された子どもにこそフーコーは目を向けるであろう。

(2) デューイとヴィゴツキーの社会的構成主義

　「ゆとり」教育を支えた児童中心主義の思想家と言えば，誰もがジョン・デューイ（John Dewey, 1859-1952）を最初に思い浮かべるだろう。自ら学び考える力を育むという自己学習論の背景にも，問題解決として学びを定義したデューイの思想が，また，生活科，総合的な学習の時間の設置の背景にも，子どもの生活経験に即した学びを説いたデューイの経験主義思想があったと言われている。しかし，極めて残念なことに，こうした文脈でのデューイ再評価は，戦後教育学的なものであり，近年の先端の研究内容とは正反対だったと言わざるをえない。戦後教育学的な枠組みでは，デューイの経験主義や問題解決の思想は，発達を先取りする教師の主導性や教材を構成する文化の先行性を説いたレフ・ヴィゴツキー（Lev Semenovich Vygotsky, 1896-1934）の思想と対立するかのように語られていた。アメリカのデューイとソビエト・ロシアのヴィゴツキー。言うまでもなく，こうした理解は冷戦構造を反映したものであった。だが，1980 年代以降には，ポストモダニズムの影響を受けた「プラグマティズム・ルネサンス」，また，アメリカを中心にヴィゴツキーの思想を活発に輸

3. 近代教育思想批判に基づく「新しい教育学」

入・研究する「ヴィゴツキー・ルネサンス」が生じ，冷戦後教育学では，デューイとヴィゴツキーを児童中心対教師・教科中心という枠組みで捉えることはなくなった。子どもを含め，人間を常に文化的道具に媒介された存在であると捉える点でデューイとヴィゴツキーは共通しているというのが現在の解釈である。言い換えると，この現在の解釈では，デューイとヴィゴツキーは，個々の学習者に焦点を合わせ，学習の生物学的・心理学的メカニズムの解明に取り組むピアジェ流の構成主義に対する批判者として位置づけられている（Garrison, 1995; Wertsch, 1998）。デューイの思想はプラグマティズム，ヴィゴツキーと彼を理論的ルーツとする立場は文化‐歴史的活動理論という呼び名をそれぞれにもっているが，両者に共通する立場を総称して，社会的構成主義（social constructivism）とも言う。

社会的構成主義では，「人間の心理過程の構造及び発達は，文化的に媒介され，歴史的に発達する実践的活動を通して創発する」（Cole, 1996）と理解する。このため，客観的実在と主観的観念といった二元論は否定される。観念はそもそも人間が生きるための文化的実践から生まれるもので，物質的道具と心理的道具にともに内在する文化的実践の潜在的形態として理解できるからである。例えば，帽子という物もボウシという言葉も一義的にはそれによってなされる活動を潜在的に観念として含んでいる。「観念は精神‐世界問題に解決策を与える。…観念は「皮膚の内側に収容されているもの」というよりも「皮膚の内と外を横断するもの」である」（Prawat, 1996）。こうした発想は，人間の外部の客観的実在を写し取ったものとして教科書の知識があるとか，それを子どもの内部に入れるのが教育だという考え方とは全く違うことがわかるだろう。そうかと言って，子ども一人ひとりがもっている主観的観念が世界のすべてだと述べているわけでもない。帽子とは何かを知ることは，帽子とボウシという言葉を使えるようになることであり，両者を要素として含む文化的実践に参加することである。学校の場合でも，教科書の内容は文化的実践を示していなければならないし，教科書を子どもが学ぶことは文化的実践に（内面的であれ外面的であれ）参加することとなっていなければならないのである。

特に構成主義との関係で誤解してはならないのは，個人主義・主観主義に対して，デューイとヴィゴツキーが共同体中心主義・客観主義を主張しているわ

けではないということである。人間は常に前の世代が作り上げた物質的な道具や，言葉をはじめとする心理的な道具と分かちがたく連続している。人間の生をこうした文化と切り離して説明することなどできない。だが，それは個人や主観が喪失することを必ずしも意味しない。私と世界が切り離され，世界との疎外（問題状況）を感じるとき，私は共同体と客観的とされているものを編み直す（問題解決する）ための仮説的道具として個人的・主観的な発話・行為・物を産出・発現する。そうだとすれば，考察すべきは，個人と共同体，主観と客観をあらかじめ分離して，その関係を一般的に問うことではなく，ある文化的道具に媒介されたある人間の生の質的違いだということなのである。メディアのプロパガンダに媒介されて独裁者（政治家や担任教師）に主体的に従属することもあれば，過去の人類の問題解決を学校教育の場で追体験する機会を積み重ねていることで，また，異質な考え方から成る多声性が同じ共同体内でも保障されていることで，たとえ，ある学級だけの微々たるものであっても共同体を変える仮説的道具となる観念を提起する主体（子ども）が現れ，学級の皆は新たにその観念に媒介されるようになることもある。前者の出来事を社会の統制，後者を個人の自由とナイーブに理解してしまうと，押しつけは良くないという議論しかできなくなる。問題なのは，押しつけなくても従属は起こるということなのである。人間は常に人と文化とすでにつながっている。「つながり」が大事と言えば済むのでもない。どんな「つながり」なのかを具体的に分析しなければならないというのが社会的構成主義の基本的主張である。人だけでも物だけでもなく，人と物からなる活動システムのありようが教育実践を分析する際の対象となるのである。

　こうした観点からみると，「ゆとり」教育を支えた児童中心主義は，いかにも原理的考察の不十分なものであった。仮にデューイの思想を実践するのだとしたら，日本の既存の学校教育には根本的な改革が必要であることが，これまでの議論からだけでも容易に想像できるだろう。学校建築は子どもを活動的な存在と理解し，衣食住を核とした文化的実践に参加・従事する生活空間としてデザインされなければならないし，現行の教科の枠組みは解体し，やはり衣食住を核とした生活科から教科へと連続的に分化する構成へと再編しなければならないだろう。デューイの思想は，子どもの興味関心に応じて活動を決めるよ

うな，子どもが生きる共同体の年長者の思いと責任を軽視するようなものでもなければ，従来の教科の枠組みを強固に守りながら，生活に関する内容を外づけするようなものでもないからである。これらこそ，古い教育学の発想である。また，「ゆとり」教育が修正されたと言われる今日，PISA型学力や活用力が重要だと言われているが，これらの学力論でも，「ゆとり」教育の新学力観で言われていたような自己学習に関する文言が今でも見受けられる。しかし，子どもが自分の学習を組み立てるために，学習の目標を意識的に立て，実行し，それを自分自身で評価するとか，自らの学習の状態をメタ認知によってモニターする（監視・管理する）とかいった行為は，実はデューイとは正反対である。デューイは次のように『民主主義と教育』で述べている。「ある態度を取ることは，自分の態度を意識していることと同じではない。前者は自発的なものであり，素朴で単純なことだ。それは，ある人とその人が扱っていることとの間に心からの関係があることの印である。後者は必ずしも異常ではない。…しかし，これが必要なのは，折にふれてであり，一時的にである」(Dewey, 1980)。大切なのは，自分のことを意識することではなく，それを忘れるほどに，授業で主題となっている事柄の探究（問題解決）の過程に没入することである。言い換えれば，子どもが，これは解決されるべき自分の本物の問題だと無意識のうちに感じて，教師と教科書などとともに，主題を構成することができるということこそが，デューイ，そして，社会的構成主義の学習論が最も大切にすることなのであり，この主題の構成メカニズムが，社会的構成主義が研究対象とする活動システムに当たるのである。

4．今，何を準備すべきか

教師となることを志す大学生の皆さんや現職教員の皆さんに希望することは，「新しい教育学」，その教育の原理を学ぶことである。教育原理が単に思想家の名前を覚えたり，歴史的事実を知ったりするためだけの授業であれば，役に立たないと考えるのも無理はない。しかも，思想家の考えたことをもとに教育とは何かを勉強しようにも，その思想家の考えたこととされていることが，近代教育思想をあらかじめ善とするような発想や，戦後教育学の左右対立・冷戦構

造を反映した思考の枠組みと癒着しているようでは，原理的に教育について考えることはおよそできないということになるだろう。しかし，1980年代以降に，教育学には大きな変化が生じたということ，つまり，戦後教育学とそれを支えた近代教育思想が批判的考察の対象となり，「新しい教育学」，冷戦後教育学が築かれていったことをこの章ではみてきた[1]。フーコーの権力論や，デューイとヴィゴツキーの再評価から生まれた社会的構成主義の学習論は，戦後教育学の枠組みでは理解することができなかった教育のあり方を理解することを可能にしてくれる。それは同時に，1980年代以降の教育改革そのものを戦後教育に代わるものとして無前提に善とする受動的な姿勢からも脱し，自ら教育政策や教育実践の背景にある思想を読み解き，そのうえで実践する教育の専門家に大学生や現職教員の皆さんがなることを手助けしてくれるはずである。教育の専門家であることの条件には，教科について高度で詳細な見識をもっていることはもちろんあるだろう。だが，押し寄せる改革や変化の波を理解するには，教科を超えて，思想を読み解くことが必要となるはずである。

　具体的に近年の動向を挙げておこう。新自由主義的教育政策が実行されはじめた頃には，平等を重視する戦後教育学のあり方が批判され，これが悪平等であり，独創性や個性をもった子どもたちを育てることができなかった要因だと言われた。そして，グローバル化した現在の経済に対応すべく，市場原理のもとで生き抜いていける独創性と個性をもった人材こそ学校教育で育成すべきだと言われた。一方で，近年になり，新自由主義的政策の結果として格差が生み出されていると指摘されはじめると，この政策が依拠する競争的個人主義が批判され，協働・協同が学校での学びのモデルとなるべきだという声が聞こえ出している。本章の内容をもとに，この近年の動向を俯瞰してみてほしい。このような議論の仕方は古すぎると気がつくことだろう。それでも，今や原理を欠いた教育論は，脳科学から学習科学にいたるまで，「つながり」や協働・協同が人間の，教育の，学習の本質であるかのように語りはじめている。しかし，ど

---

[1] ただし，精確には，戦後教育学自体が多様な思想の集合である。戦後教育学のうちに，どのような今日的意義があるものが存在するかについては，今後も研究されるべきだろう。

うやって協同学習をやろうかと方法論的に考える前にすべきことがあるはずである。原理系科目を学ぶことは，理論を学ぶことではなく，時代ごとの善き理論の設定——それを応用した効果の上がる実践といった閉鎖的な循環回路を対象化して批判的に考察する目を養うものなのである。

付　記

　本章は，平成26年度科学研究費助成事業（学術研究助成基金助成金）（基盤研究（C），課題番号：26381014）による研究成果の一部である。

■ 引用文献

Cole, M.　1996　*Cultural psychology*. Cambridge: The Belknap Press of Harvard University Press.（天野清（訳）　2002　文化心理学．新曜社.）

Dewey, J.　1980　*Democracy and education, John Dewey the middle works, 1899-1924*. Vol. 9: 1916. Carbondale: Southern Illinois University Press.（松野安男（訳）　1975　民主主義と教育（上下巻）．岩波書店.）

Foucault, M.　1975　*Surveiller et punir: Naissance de la prison*. Gallimard.（田村俶（訳）　1977　監獄の誕生—監視と処罰．新潮社.）

Foucault, M.　1976　*La volonté de savoir*. Vol. 1. *de Histoire de la sexualité*. Gallimard.（渡辺守章（訳）　1986　知への意志—性の歴史Ⅰ．新潮社.）

フーコー，M.　北山晴一（訳）　2001　全体的なものと個的なもの—政治的理性批判に向けて．蓮実重彦・渡辺守章（監修）　小林康夫・石田英敬・松浦寿輝（編）　ミシェル・フーコー思考集成Ⅷ　政治／友愛．筑摩書房．pp. 329-368.

Garrison, J.　1995　"Deweyan Pragmatism and the epistemology of contemporary social constructivism. *American Educational Research Journal*, **32**（4），716-740.

原武史．2007　滝山コミューン1974．講談社．

堀尾輝久．1971　現代教育の思想と構造．岩波書店．

堀尾輝久．1997　現代社会と教育．岩波書店．

今井重雄．2004　メディアの教育学—「教育」の再定義のために．東京大学出版会．

小玉重夫．2003　シティズンシップの教育思想．白澤社．

大内裕和．2003　教育基本法改正論批判—新自由主義・国家主義を越えて．白澤社．

Prawat, R.　1996　Constructivism, modern and postmodern. *Educational Psychologist*, **31**（3/4），215-225.

Wertsch, J. V.　1998　*Mind as action*. Oxford: Oxford University Press.（佐藤公治・田島信元・黒須俊夫・石橋由美・上村佳世子（訳）　2002　行為としての心．北大路書房.）

第9章

省察的実践の矛盾を超えて
生成と他者の概念

1. 省察的実践の官製化という矛盾

　教職の専門性とは何かを問いつつ，それと並行して教師を高度専門職業人として位置づける流れが国際的にも国内的にもみられる（久冨，2008）。この流れに大きな影響を与えた考え方として，教職の専門性を，教師が「省察的実践家」（reflective practitioner）であることに求めるものがある。専門家の行為と思考の特徴を研究したドナルド・ショーン（Donald A. Schön）は，「科学の理論や技術を厳密に適用する，道具的な問題解決という考え方」を「技術的合理性」と呼ぶ（Schön, 1984/ 邦訳，2007）。これは理論を実践に適用する行為モデルを支える考え方である。これに対して，教師は「行為の中の省察を行い，自分が今おこなっていることをプロセスの中で考え，自分の行為を進化させている」（Schön, 1984/ 邦訳，2007）点にその特性，つまり，専門性があるとショーンは言う。教師の仕事は，行為しながら省察したり，完了した行為に対して省察を加えたりするという，実践の理論化を特徴としているということである。日本でも佐藤学や秋田喜代美などによって，研究を上から現場の教師に押しつけるのではなく，現場の教師の実践知に基づいて教職の専門性を主張する立場が現在では広く知られるようになった（秋田，1996；佐藤，1997）。

　だが，「省察的実践家」としての教師像が普及するにつれて生じた帰結はアイロニカルなものであった。免許状更新講習では，「教職についての省察」が必修内容に組み込まれており，講習の場で，教師が自らの教育実践について，また，教職について，省察することが上から求められているのである。教育実践を現場で行っている教師に即した知のあり方を評価する動きが，官製研修に取り込

まれてしまったのだ。こうした事態に対する批判は実は海外でもみられる。例えば，エドワーズとトーマスは，教師が日常的に行っている仕事から導出されたはずの省察的実践を教師に教えるというのは矛盾であると指摘し，次のように論じている。「なぜなら，省察的実践が，教えられるべき技能を示した規範的な標題となることなどありえないからだ。実際，省察的実践をこのように捉えるなら，省察的実践がまさに追放しようとした技術的合理性が前提とするものに逆戻りすることになる」(Edwards & Thomas, 2010)。

　この問題は単なる論理矛盾として済ませることのできるようなものではないだろう。この問題の背景には，理論と実践という枠組みで教員養成や教師教育を考えようとする伝統が潜んでいると考えられる。実践的指導力を重視する現在の改革では，理論を大学の研究者が担い，実践を行う教育現場の教師たちはそれをもとに実践するといった理論優位の発想が批判され，研究者がもつ学術的な知とは異なった実践知や暗黙知が正当に評価されるようになったと思われるかもしれない。だが，これは大きな間違いである。理論と実践という枠組みで理解しようという態度は何も変わっていないからである。もともと，専門書を繙くまでもなく，古代ギリシャ以来，理論と実践の関係は上下関係を前提にしている。理論のもととなったテオリアと実践のもととなったプラクシスは，当時の階級社会を反映した優劣を含んだ概念だった。近代に自然科学が力を得ると，理論と実践は実証主義のもとで再定義されることとなった。理論は実践で検証されなければならないので，理論と実践は往還するという，現在でも使われている定義である。同時に指摘されていることは，理論から目的や価値が奪い取られ，役に立つという有用性だけが残されたということである。こうして，理論研究をしている人の方が社会的威信は高いが，実践的有用性がない理論は批判されるという，お馴染みの考え方ができあがった。教育界だけが，こうした歴史的・文化的文脈から脱して理論と実践の関係を考えることなどできるだろうか[1]。

---

1) 現在の教員養成改革論議では，ポイエシス（制作）の観点が欠如していたり，教育に固有の「教育」理論と「教育」実践の関係に関する深い考察も欠落しているように思われる。

現状をみれば，それがいかに難しいかがわかる。先に弊害をまとめると，第1に，理論 - 実践枠組みは，優劣を作り，対立をもたらす。第2に，この枠組みは現状維持の傾向を強く示し，保守化をもたらす。例を挙げていこう。この枠組みの特性で，理論の側，研究の側に位置づけられてしまう大学教員だが，大学教員は実は大学教育の現場にいる実践家である。こんな当たり前のことすらみえなくしてしまうのがこの枠組みなのである。また，実践的指導力重視のもと，いわゆる現場主義で理論 - 実践の往還が求められているが，これでは分裂は何も解消しない。なぜなら，往還を主張しても，「理論」（理論偏重だと批判される大学の研究者）対「理論 - 実践を往還させる「実践」」（小・中・中等・高の教員，実践経験があると評価され増加する実務家教員）の二分法を生み，結局，理論 - 実践図式に回収されているからである。また，実践知や暗黙知に関する議論は前近代の社会やその営みを再評価する思想と結びついているため，前近代的な共同体的教育を自然なもの，善とする保守派の政治的レトリックと癒着しやすい特徴をもっている。例えば，近代学校教育を批判する認知的徒弟制や状況的認知の考え方を想起してもらえば良いだろう。こうした研究そのものは意義のあるものだが，理論 - 実践枠組みで理解されると，かつての共同体的実践を再現すれば学校が，教員養成が改善されるという発想を生む。現に「塾」と名の付く前近代的な教員養成が好まれたりしていることは象徴的である。どこかで，徒弟のように年長者を見習わせ，訓練することとして教員養成や教師教育における実践を考えてしまってはいないだろうか。

　教職が高度な専門職であるのなら，その「高度」が意味するものを，大学教員であれ，小・中・中等・高の教員であれ，教育実践に携わる者がアカデミックな研究を通して論じることは必須であろう。そして，そのためには，教育という営みの固有性に関する原理的考察を欠くことができない。かつて戦後教育学が力をもっていた時代には，それを代表していたのは，「発達」概念であった。では，現在はどうだろうか。次にそれを紹介していこう。

2. 問い直される教育的価値

(1) 生成という観点

　公教育とは何のためにあるのか。国家の側からみれば，国民を育成し，この国を再生産するためである。国民の側からみれば，一人ひとりの子どもの発達を保障するためである。後者が国民の教育権の立場からなされた解答である。つまり，今や，私たちが教育を語るうえで欠くことのできないものとなっている「発達」という概念は，戦後教育学が，公教育への国家による介入を批判する際に拠り所とした概念だったのである。政治や経済によって教育のあり方を定めることは許されない。なぜなら，教育は教育固有の価値である発達をもとにして行われるものであって，これに政治や経済の論理が介入すると，教育本来の姿，すなわち，発達を保障するという行為が歪められてしまうからである。そして，親，教師はもちろん，発達と教育を学問の対象とする教育学者や教育心理学者が，発達とは何かを最もよく知る者であるのだから，この人たちに公教育のあり方は委ねられるべきとされたのであった。発達は「教育を他の社会的事象から相対的に自律させ，教育学を，独自の学として自立させる根拠」(堀尾，1991) になっていたのだった。かつて，大学の教育心理学の授業で，ジャン・ピアジェ (Jean Piaget) の発達段階説や，ピアジェを批判し，発達を生み出す教育の意義を説いた論者としてヴィゴツキーが中心的に扱われていた理由もここにある。

　ところが，政治や経済の論理とは異なった教育固有の価値は認めつつも，一方で，発達という観点のみで，あるいは発達という観点を中心として教育実践を捉える見方には，今日では疑問の声が上がっている。その理由の1つとして，発達概念が，発展，進歩で表現される近代という時代，欧米の近代化を歴史的必然や善とする発想のもとで生まれ，それと分かちがたく癒着していること，そして，その近代や近代化が今日では批判の対象となっていることが挙げられる。また，2つ目として，人間の生の営みを発達というらせん状の上昇図式で理解することで，それ以外の人間の生の特性・生の豊かさが視野に入らなくなり，教育実践への眼差しが貧しいものとなっているという指摘が挙げられ

る。これらを乗り越える努力の1つには，かつての発達概念が依拠した構成主義を修正・改訂していくやり方がある。社会的構成主義はその例である。しかし，社会的構成主義の試みでは，人間の生の全体を捉えることはできないと主張する立場もある。教育人間学の領域の研究がそれである。この領域の研究は，教育的価値を主張するためにあえて迂回路を採り，人間の生のあり方を人間学（人類学）の成果を手がかりに明らかにする。これにより，学校教育の現場や子ども個人の発達よりも広い視野から教育という人間の営みを捉えることが可能となり，翻って，学校での教育実践を異なった観点から分析し，遂行することを可能とするのである。

　一例として，「野生児」の事例に対する教育人間学の解釈を挙げておこう。ヒトの子でありながら，幼少期に長期間にわたって，人間の社会から隔絶された環境で生きたとされる子どものことを野生児と呼んでいることはご存じだろう。「狼に育てられた子ども」とされるアマラとカマラ，「アヴェロンの野生児」として知られるヴィクトールの話などが代表的である。教育学を学ぶ者なら，誰でも教育原理などの授業で習う話である。なぜか。それは，ヒトが人になるためには教育が必要だという教育の必要性を例証するためにふさわしい話であったからである。発達の適時性や臨界期の存在。そして，それらに対応する教育。野生児の事例は，戦後教育学とそれを支える近代教育思想が必要とした物語であったのだ。だが，教育人間学の観点から，この物語に潜んでいる思考の枠組みが問題視されるようになった。それは，自然から文化へ，未開から文明へ，動物的状態から人間的状態へと進むのが教育であり，人間化（文化の世界への参入）だという思考の枠組みである。なぜこれが問題なのか。それは，第1に，この枠組みが人間の社会は前者から後者へと進むものだ，したがって，前者の段階にある社会は遅れているという，近代的な社会発展のモデルを個体発達の見方に転用しているからである。ピアジェやフロイトが，個体発生は系統発生を繰り返すと主張した生物学者，エルンスト・ヘッケル（Ernst Heinrich Phillip August Haeckel）の反復発生説を信じて，自らの理論を構築していたという事実はこれを裏づける。

　第2に，第1の観点から，野生児を「文明との接触を断たれてしまっていたために不自然で病的な状態に止まっている哀れな」（鈴木，1999）存在と理解し，

文明という自らの尺度・価値観による同化・適応を強制することに疑問が生じなくなるからである。仲間の狼を殺されて「救出」されたアマラとカマラは幸せだったのか（西平，2005）。時代とともに右肩上がりに発展すると社会のことを説明した西欧近代の思想に対する批判がもはや常識化した現代では，その時代に生み出され，教師が暗黙のうちにかける眼鏡となった発達という概念も，とりはずして確認すべき時期が訪れているのである。ここでは，発達の基本的考え方とそれとは異なる概念として，「生成」という考え方を，教育人間学を代表する矢野智司の議論をもとに紹介し，教育実践とのかかわりを最後に考察してみたい。

　発達は，個体と自然的・社会的環境との相互作用を通した個体の成長・成熟・学習による量的・質的変容を指すと一般的に言われる。矢野は哲学者，ジョルジュ・バタイユ（Georges Albert Maurice Victor Bataille）の人間学的研究などに拠りながら，このような発達の考え方は，人間の労働のプロセスと同質性を有していると説明する。それは，「自己の側からみれば，それまで自己の外部にあり，自己にたいしてよそよそしいものを，自己が努力によって自己のうちへととりこみ，その結果，自己が以前の自己より高次の自己となるプロセス」（矢野，2000）である。自己の外部にあるものを未知の自然や他者とすれば，確かにこのプロセスを，ピアジェの同化・調節といった説明や，ヘーゲル（Georg Wilhelm Friedrich Hegel）の弁証法と重なるものと考えることができるだろう。加えて，労働には道具の製作にみられるような，手段に向かう遅延が必要となる。言い換えれば，人間は欲求を直ちに実現するのではなく，欲求を目的として立て，その目的を実現する手段を考え，作り出す。ライオンのような動物が，空腹になればシマウマを追いかけだすのとは異なる，人間を人間となす特性が労働に見いだされている。それは「有用性の原理」が支配的となることだとも言われる。この人間労働のプロセスが転用されたのが個人の発達だということなのである。したがって，かつて人間が自然や他者を我がものとするために行ったことが，子どもの発達に即した教育でも繰り返される。それが，ヒトが人になること，文化の世界への参入である。しかし，これによって人間の生，子どもの生は，目的合理的行為という近代を特徴づける生に縮減されてしまう。具体的には「労働の世界では，人間自身も「事物の秩序」の一部

2. 問い直される教育的価値

となってしまうのである」（矢野，2000）。

　欧米近代は確かに自然的・社会的環境を科学とそれを応用した技術によって支配・統制可能にしてきたと言える。そして，それが人間の大きな特性であることは疑いようがない。しかし，子どもたちに教えることができる人間の姿とはそれですべてなのか。人間学的（人類学的）研究は，人間の生の営みを広く見渡し，それに対して否と答える。人間は，主体として客体を支配・操作するのではなく，自己と世界の境界を消し去り，ただ主客未分状態への没入を楽しんだり，それによる自己の覚醒を体験することがある。目的を立てず，有用性を顧みずに行う営みが無数に存在する。祝祭の際に無際限に行われる消尽や動物を殺害する供犠など，非日常の空間では，人間が世界との連続性を回復する営みがみられる。日常生活でも，ただ楽しむためだけの遊びや自己の利益を顧みないボランティアの活動などにこうした営みの特性が存在すると矢野は言う。これらに共通するのは，「脱自の体験，自己が喪失してしまう十全な交流の体験」（矢野，2000）であり，労働をモデルとする発達とは反対に，「生産的な活動の成果を打ち消」し，「「事物の秩序」を解除する試み」（矢野，2000）が展開される。これらの人間の営みを矢野は発達と区別して，生成と呼んでいる。人間は自らの生を維持するために自然的環境に操作を加え，トマトを創り出す。それは，人間に知識・技術をもたらし，人間を高める。その一方で，人間はまた，そのトマトを意味もなくひたすらに人間同士でぶつけ合い，使い果たしてしまうこともする。子どもはごっこ遊びの際に，将来，親になったり，ある職業に就いたりするためのリハーサルとしてではなく，ただなりきる楽しみのために父親や母親になったり，お店屋さんになったりする。こうして矢野によって示される生成の基本的イメージは，段階をらせん状に昇っていくという上昇イメージをもたない。より高い自己を作り上げるという形成ではなく，生じて，その場で充足されるという，その行為そのものを自己目的とするようなイメージで描かれている。それは，労働と区別して蕩尽（とうじん）と呼ばれる営みであると論じられる。

　だが，教育目標を明確化することが求められる学校教育と生成は関係をもつのだろうか。遊びの例はむしろ就学前の子どもにこそ生成が当てはまることを示してはいないか。これに対して矢野は，芸術的活動や文学におけるノンセン

ス，教育の方法としての問答法にも生成をもたらす可能性を見いだしている。さらに教育実践への関心から目を引くのは，いのちの教育が生成の瞬間をもたらすという矢野の論述である。矢野は鳥山敏子の実践をもとにこのことを説明している。だが，ここでは，あえて矢野の説明を検証するために，別の事例を取り上げてみよう。それは，黒田恭史の『豚のPちゃんと32人の小学生』で描かれている教育実践である（黒田，2003）。非常に有名なこの教育実践は，テレビでドキュメンタリーとして放送され，近年，映画化もされたので，改めて詳細に説明するまでもないだろう。小学校教師であった黒田は，担任として受けもつ学級で，豚の飼育の体験学習を行った。それは，いのちの大切さを知ってもらうという目的と，そのために豚を飼い，育て，その豚を食べるという手段からなる教育実践，つまり，発達としての教育を目指すものであった。しかし，この実践は，子どもたちが豚にPちゃんという名をつけ，ペット化・擬人化をはじめたために予想外の方向へと動き出す。子どもたちは，支配・操作の対象であるはずの豚を同時に友人としても捉え，友を食すという危機的な体験と直面することとなったのである。ここにおいて，発達の図式は供犠の性格をもつ生成の図式へと転換されたと言えるだろう。友のいのちは自らのいのちをつなぐ犠牲として差し出され，その友を食すことで，子どもたちは世界との十全な関係を回復することになるのであった。また，Pちゃんを食べるのか，別の年少の子どもたちの学級に飼育を任せるのか，といった学級での討論は，同志でもなければ，支配・操作の対象でもない，理解不可能な他者として学級の子どもたち同士を出会わせることにもなったように思われる。これらは，性的な交わりや，自らの意味世界への没入を体験するエロス型の生成ではなく，既成の自己と世界の関わりが破壊されるタナトス型の生成と呼ばれうるものであろう[2]。

　あえて鳥山ではなく，黒田の教育実践を取り上げたのには，もう1つ理由がある。それは，黒田が当時，教師としては未熟であったことに着目したかったからである。教育人間学は，人間の営みの多様性や人間の生の奥深さを教え

---

　[2] 矢野は主体が客体と合一することをエロス型の生成，客体を非事物化（破壊，解体，変形）することをタナトス型の生成と呼ぶ（矢野，2000）。

てくれるが，それは同時に，それだけの文化・教養を教師が備えていることを求めているようにも見える．これに対して，Ｐちゃんの場合では，黒田は明らかに自らも認めるように，十分な準備を欠いていた．言わば，彼は未熟な教師だったのである．しかし，それは否定的な意味ではない．学校教育の現場には，あるいは教育には未熟さのもつ意義があるのではないか，ということなのである．かつて，現職の公立小学校教員として，大学院の教育哲学領域に学んだ古川泰がそのことを教えてくれている．古川は「教育技術という側面から評価すれば，『未熟』に見えることが，本人の意図を越え『生成としての教育』の導き手になる可能性」（古川，2010）があると言う．古川の関心は次のようなことから生まれている．「教師の心身問題にまつわることに加え，素朴な疑問が長いあいだ私の中にあった．それは，教師は『専門性』を高めるだけでいいのかという類のものだ．専門性を高めようとする議論は，今までの私の教育現場での実感と微妙なずれがあるのだ．例えば，失敗だと思った発問から授業がうまく流れることがある．体調の悪い日，なぜか『元気の出る出来事』が起きる．特別何もしていないように見える先生のクラスに面白い出来事が起きる．手立てがないまま関わった不登校児がある日突然教室に入ってきた．考え抜き計画した言葉よりも，感情を抑えられず発した言葉のほうが子どもに届いたと実感するときもある．教育実習を数週間しただけなのに担任以上に慕われる学生…．どれも専門性とは無縁の出来事にもかかわらず，無視できない出来事に思えてならなかったのだ」（古川，2010）．

「未熟」を許さず，常に実践的指導力において「熟達」していることを求める実践重視の教員養成課程に対する批判意識がここには読み取れる．発達の枠組みの問題は，古川によれば，教師にも当てはまるのだということになる．これに対して，古川が主張するのは，未熟から熟達という発達のモデルに従い，確実性を高めることではなく，「未熟さ」が常に学校教育システムを変容させる触媒として働いていること，また，それへの感度をもつことの重要性である．古川は次のように論じる．「矢野の『生成としての教育』は，職員室の後でたむろする教員たちの実体験として語り継がれてきたような話なのだ．今までの実践報告の文体は一回性を取り除き，『科学』を標榜してきたかもしれないが，人間の不思議さや奥深さのようなものは，多くの教師にとって当然の前提だった

(こういうことが瞬時で分からない教師は「センスがない」と言われた)。…いわば「生成としての教育」はそこここにあった。そして，それを捉えるセンサーのようなものが多くの教員（教育学者や保護者も）の身体に備わっていたのだろう。多忙化とマニュアル化，勤務評価などの近年の動向の中で，そうしたセンサーは機能しにくくなっている」(古川，2010)。重要な示唆がこの文章にあることを否定できないだろう。生成は学校教育における実践とは関係がないどころか，実践には生成があふれていると古川は述べているのである。これを私なりに解釈すれば，このようなことだろう。すなわち，学校の教師が職員室で他の教師に「〇〇先生，ちょっと聞いてくださいよ。今日こんなことがあったんです」と語っている話は決して，効果的に子どもたちの学力を向上させたというような話でも，規律を内面化させたというような話でもない。教師が語っているのは，発達では説明できないような人間の，子どもの変容の不思議さであったり，教室内の様々な環境・メディアも参与して作られた独自の学びの瞬間であったりするのだ，ということである。そして，現在の日本の学校教育では，これを捉える感性が危機に瀕しているということであった。

　本節を通じ，2つのことを指摘できるだろう。教育固有の価値を主張するための核は，果たして，戦後教育学が拠り所とした子どもの発達（および，そのメカニズムについて熟知していること）なのかという問いが，生成としての教育の主張によって浮かび上がるということが1つ目である。2つ目は，生成に対する理解が，実践的指導力を強化する教員養成によってむしろ弱められてしまうということである。徒弟制下で教員養成を経験する学生たちは，明らかに年長者の顔色をうかがう傾向を強めている。また，実践的指導力を，学級崩壊を起こさないような支配・操作の技術と理解する傾向が強いとも考えられるからである。

　最後にもう一度，野生児の話に戻って本節の結びとしよう。宮崎駿の『もののけ姫』には，山犬モロに育てられたヒトの子としてサンという少女が登場する。文明を象徴する鉄を造らせ，村人に生きる術を与えるエボシは，未開に生きるサンを「哀れ」と言う。サンは野生児なのである。だが，私たちはこの物語のラストで，サンが村で生きることを決意し，人間の労働に参加する姿など見たいとは思わないだろう。その理由を説明できるだけの学識が，人間とは何

かということに対する深い理解が，教師を志す者，教師である者には求められるのではないだろうか。発達に縮減されない教育的価値に関する学びが教員養成・教師教育には求められている。それこそが本来は，教職の専門性の中身にあたるものなのではないだろうか。

(2) 他者という観点

もう1つ，生成概念と並んで，「新しい教育学」を学ぶ人たちに知っておいていただきたい概念として「他者」という概念がある。他者という言葉自体はありふれた日常用語であるが，ここで紹介する他者という概念は，他人という意味とは異なっている。この他者の概念は，1990年代以降に，人文科学・社会科学の領域で定着したものである。同じ時期，教育界や，子どもや若者を分析する社会学者のなかからは，子ども・若者における他者の喪失や不在を指摘する声も出てきていた。こちらの方の他者は他人と同義である。そこでまず，こちらの分析を説明し，それとの比較で，新しい他者の概念を説明することにしよう。

少年犯罪の増加や学級崩壊のような教育問題，さらには，公共空間での子どもや若者の勝手な振る舞いなどを取り上げ，他者の心や体の痛みを理解できない，他者に配慮できない利己的な子どもや若者が増えているのではないかといった議論がこの時期には多くなされた。社会学者の片桐雅隆は，これを私的領域が肥大化し，公共空間を侵食する「私化」現象と呼んだ（片桐，1991）。また，やはり社会学者の土井隆義は，公共圏における他者の不在，他者への配慮のなさは，親しい人と構成する親密圏において過剰な配慮が求められていることとの相関で生まれていると説明した（土井，2004）。これらの議論は，自我の形成にとって不可欠な自分以外の他人という意味での他者について論じており，総じて，こうした他者の立場を取得することの不十分さを指摘したものであった。こうした議論を支える思想として，例えば私たちは，ジョージ・ハーバート・ミード（George Herbert Mead）の社会的自我論を想起することができるだろう。そして，この枠組みの議論から帰結するのは，現代では，他者の役割取得がうまくいっておらず，客我よりも主我の自己主張ばかりが目立つのだ，ということである（千石，2001）。そうすると，これに対する対処法は，家庭でのし

つけの強化，心の教育を中心とした道徳教育の重視，さらには，共同体的価値観の内面化を主張する新保守主義（国家主義）的政策の採用といった流れになる。こうした傾向がすでに経験されてきたことであるのは改めて述べるまでもない。なかには，戦後教育（学）が子どもの権利ばかりを主張しすぎたために，規範意識が低くわがままな子どもたちが生み出されたなどという主張まで政治家には見られるのも周知の通りである。しかし，これは言い逃れというものであろう。仮に子どもや若者が利己的で個人主義的であるのなら，その原因としてまず考えられなくてはならないのは，社会構造の高度情報化・高度消費化であり，それを加速させるような政策であった新自由主義的政策であろう。自分の犯した誤りを隠すために，別の犯人を戦後にまで遡って探すとはあまりに良識を欠いていると言わざるをえない。ともあれ，こうした議論は，他者の観点を子どもや若者に流し込めば問題が解決するようなナイーブなモデルを帰結しやすいことは知っておいて良いだろう。

　これに対して，同じ時期に教育学，特に教育哲学では，全く異なる他者についての議論を始めていた（丸山，2000，2002）。それは，丸山恭司の分類に従うならば，「集合概念としての他者」と「方法概念としての他者」への着目であった。丸山は，他人と同義の他者を「実在概念としての他者」と呼ぶ。これと区別される「集合概念としての他者」とは，外国人や女性など，特定の属性が付与された他者表象によって成立するものである。例えば，人種・民族・性差に代表されるマイノリティのように，抑圧的地位に置かれてきた集団を考えることができる。具体的に言えば，「白人にとって黒人は他者であった」といった例文で表現することができる。同様に，おとなから見た「子ども」も集合概念であり，他者であると言える。また，「方法概念としての他者」は，絶対的他者，潜在的他者性を保持する存在を意味する。丸山はこのカテゴリーに入るものとして，神や偶然的出来事，個体性を有する存在としての個人を挙げている。自らの表象では理解不可能，コントロール不可能だという感情を抱かせる存在が他者と呼ばれているのである。もちろん，超越的な現象に限るわけではない。どのようなことを考えているのか，どのような価値観をもっているのかをよく理解しているつもりの親しい友人と，これまでに話したことのないことを話題としたときに，これまでのその友人からは考えられないような発言を聞き，突

然，その友人が自分にとって疎遠な人物だと感じられるときがあるだろう。そのようなときには，その友人の潜在的他者性が表面化し，友人は私にとって他者になったのである。

現代の「新しい教育学」は，こうして，「集合概念としての他者」や「方法概念としての他者」に着目してきた。2つの他者概念は，集団を対象としているのか，個人を対象としているのかという違いはあるものの，他者を，自分に異質感や違和感を生理・心理的レベルで与え，理解不可能でコントロール不可能であると感じられる存在と位置づけている点で共通している。また，そうであればこそ，他者は代替不可能な存在と感じられるということも含意している。他者概念をめぐるこのような学問的変化は1980年代以降のポストモダニズムと呼ばれる思想動向などによってもたらされた。また，従来は教育学を代表する思想家とされていなかった思想家たち（例えば，ルートヴィヒ・ウィトゲンシュタイン（Ludwig Joseph Johann Wittgenstein），エマニュエル・レヴィナス（Emmanuel Lévinas），ジャック・デリダ（Jacques Derrida），ニクラス・ルーマン（Niklas Luhmann）ら）が，近代教育思想の枠組みを突破するために参照され始めたことも大きく影響している。そのことを確認するために，ここでは，丸山の議論に従って，ポストコロニアリズムについて触れておこう。現代思想における他者論として知られるポストコロニアリズムは，教育学の外部から，教育学における他者論に大きな示唆を与えているからである。

ポストコロニアリズムの「ポスト」は，「脱〜」あるいは，「〜後」を意味する。したがって，ポストコロニアリズムとは，脱コロニアリズム，コロニアリズム後の社会を目指す思想である。征服者たちが植民した場所の人々，もともとその土地に生活してきた人々の文化を蹂躙し，征服者たちの文化を押しつけることがコロニアリズム（植民地主義）であり，これを批判するのがポストコロニアリズムである。特にポストコロニアリズムが近代教育思想の枠組みを超えているのは，第1に，コロニアリズムを一方的な暴力とは捉えず，未開あるいは遅れた地域を文明化あるいは近代化するという善意の名のもとで展開されるものと理解している点である。また，第2に，それが物理的暴力に限らず，思考のうえの暴力でもあることを説いている点である。つまり，自分と異なる「集合概念としての他者」と出会ったときに，他者から与えられる不安や恐怖を解

消するために，他者を劣った存在と位置づけ，他者の独自性を無視し，自分が所属する集団の価値観やシステムに他者を取り込み，同化させる思考上のメカニズムに，すでに暴力性が潜んでいることをポストコロニアリズムの思想家たちは暴露したのである（丸山，2000）。ここにも，啓蒙による発展・進歩という欧米近代の「大きな物語」への盲信が生んだ問題点が表れていると言える。こうして，エドワード・サイード（Edward Wadie Said）は欧米が生み出した「オリエント」という表象の暴力性を描き（Said, 1978/邦訳，1993），ガヤトリ・スピヴァク（Gayatri Chakravorty Spivak）は抑圧されたサバルタン（下層民衆）の声が近代の価値観へと善意で翻訳されてしまって届かない現実を批判した（Spivak, 1988/邦訳，1998）。

　ポストコロニアリズムを教育という営みに適用するとどうなるだろうか。まずは「集合概念としての他者」として子どもを捉えることが求められるだろう。もちろん，おとなと異なる独自の存在として子どもを理解すること自体は，近代教育思想にすでにみられるものである。「子どもの発見」で知られるルソー（Jean-Jacques Rousseau）はまさに「小さなおとな」に還元できない子どもの独自性を主張し，近代教育を切り開いたからである。だが，重要なのは，ルソー以降の，この子どもという表象に思考上のコロニアリズムが潜んでいた可能性があることだ。ルソーが尊重すべきとした子どもの自然は，その後，教育学，教育心理学が発展していくなかで，経験的・実証的に明らかにされていった。児童研究の進展や発達段階説はその典型である。こうして，「子どもとはこういうものだ」という言説空間が子どもの現実・実在を逆に作り上げるようになる。子どもは独自の存在であると認めることから，独自性を知るための科学的研究へ，そして，科学的研究の普及によって生じる理解可能性へ。こうして，他者を認めることは他者性を排除するという逆説的な結果へといたる。歴史家であるフィリップ・アリエス（Philippe Ariès）が「子どもの誕生」という言葉で，子どもという心性こそが子どもを作り上げていると論じたこと，日本の児童研究家である本田和子が，子どもを発達によって理解するだけでなく，異文化として理解するべきだと主張したことも想起すべきだろう（Ariès, 1960/邦訳，1980；本田，1992）。学問として教育学，教育心理学がある以上，理解可能性の達成は不可避の結果ではある。しかし，そのことを学問の発展と考え，同

化を強いるのか，それとも，この結果がもたらす危険性に向き合い続けるのか，どちらの道を選ぶかによって，教育実践は全く違ったものになるはずである。

　田中智志は次のような，警句とも取れる文章を書いている。「どんな教育学の教科書にも，「児童理解」「生徒理解」は重要で，「児童の個性」「生徒の個性」「一人ひとりの多様性」を大事にしなければならない，と書かれていた。しかし，そこで語られる「児童」「生徒」「個性」は，すべて操作可能な子どもという枠に収まる児童・生徒・個性である。つまり，これまでの教育学がかたってきた子どもは，ほとんどの場合，教師にとっての本当の他者ではなく，教師の教育的意識にある他者像にすぎなかった」（田中，2002）と。「集合概念としての他者」には，他者に配慮するためにその他者を知ろうとする試みによって，他者が「他者像」に変換されてしまう可能性が常につきまとうものなのである。このために学識と経験が増え，子どもについて「よくわかっている」という錯覚が生じる。だが，それは，田中によれば，「本当の他者」との出会いを回避する行為なのである。不安と恐怖から逃れられないのが教師であると認識できるか，そして，それをやりがいでもあると感じられるか，が問われているのである。

　こうして要請されるのが，「方法概念としての他者」の考え方である。子どもとは何者であるかについての学識やこれまでの経験が，教師である自分を助けてくれることを認識しつつ，それでもなお，全くの状況依存性によって，また，個体性によって，「完全にはコントロールし得ない，予測を超えた反応をしうる存在」（丸山，2002）として立ち現れるのが，一人ひとりの子どもであると理解して教育実践を行うことが現代の「新しい教育学」の他者論の教えなのである。もっとも，このようなことは教育の現場にいる者にとっては当たり前のことに過ぎないと思われることだろう。日々，学級で子どもたちと接していれば，子どもたちの予測を超えた反応に驚かされつつ，臨機応変に対応するものなのだ，と。それは丸山も田中も否定していない。「具体的な教育の場面においては，このような予期にもとづく不確実なコミュニケーションがごくふつうに営まれている」（田中，2002）と田中も述べている。しかし，だからこそ，実践の場で学ぶことに委ねて曖昧にせずに，教育原理として確認しておくべきなのだろう。他者の概念を，現場の教員の実践知・暗黙知とするか，それとも，大学教員が扱っている難解な理論の側に分類するか，どちらかを選ぶことなど不可能であ

るし，何の意味もないことだ．

そして，その原理の第1は，「まったくの他者としての学習者と指示者とは，根源的に非対称的関係にある．一方がいいたいことを他方が理解する保障はどこにもない」（田中，2002）ことである．他者を完全に知ることはできない．したがって，どれほど，ていねいに，わかりやすく教師が子どもに説明したとしても，教師が望んでいるように子どもが「わかった」かは知りようがない．教師は子どもとのやりとりに齟齬がない限り，それで良しとして進むものである．このことから第2の原理が生じる．「彼（女）ら［教師のこと：筆者注］の発話は，それがどれほど入念に準備されていても，うまくいくかどうかわからないといういみで，つねに賭けであらざるをえない」（田中，2002）ことである．つまり，教育は「かかわる者がたえずためらいをおぼえるような営み」（田中，2002）なのである．もし，これらの原理がありふれたものだと感じられるとしたら，大学卒業後には即戦力となることを求めるような，実践的指導力を重視した教員養成改革がいかに教育実践の常識からかけ離れたことをしているかが逆に明らかになるだろう．不確実性・不確定性という教育的価値に苦しみながらも，それを楽しむこと．どれだけの優れた教師が，どれだけ教職に熱意をもった教師が，このことを許されず，アカウンタビリティの名のもとに，学力向上や学級経営において確実性を高めることを，しかも短期間に要請されて，失望のうちにこの仕事を辞めていったことだろう．他者としての子どもと向き合うことは，決して，子どもは他者なのだから教育しようがないと，教育を放棄することであってはならないことは言うまでもない．「集合概念としての他者」にみられる他の事例とは異なり，子どもはおとなになるのである．人種や民族間の他者関係とは異なる教育の特性がここには厳然として存在する．しかし，教育を，潜在的他者としての子どもと向き合いつつ行うことが教職を教職たらしめているのではないか．ここ数年，若い教師たちから，「現場へ行ってわかったのは，教育は結局のところ洗脳だということです」という声を何度も聞いた．実践的指導力なるものの成果をこのような形で挙げ続けて良いのだろうか．原理なき教育理解の貧しさを嘆かずにはいられない．

さて，読者の皆さんは，教育学，特に教育哲学における他者論が，社会学とは異なる視座から提示されていることに気づかれたことだろう．社会学の他者

論が子ども・若者の他者の喪失や不在を問題として論じていたのに対し，教育学は，教師と教師を支える教育学者・教育心理学者に他者性の排除が生じていたことをこそ問題としたのであった。「教師にとって，現代の子どもは他者である」といった表現が，理解不可能，コントロール不可能な現代の子どもたちに対する批判的意味を込めて用いられることもあることは事実だが，「新しい教育学」から見れば，そのような用い方は新しい概念を古い枠組み，すなわち近代教育思想の枠組みで用いる誤りの例だということになる。ある年齢の人間を「子ども」と名づけ，その存在（発達のメカニズム）を経験的・実証的に明らかにし，それによって「子ども」の理解可能性・コントロール可能性を前提とすることになった近代教育思想のあり方が現代では問い直されているからである。「近代教育学は，子どもを「我々の手助けが必要な蒙昧」と捉え，コントロールの対象とし，その技術の開発を目指した点でコロニアリズムと類比的である」（丸山，2002）という指摘は重く受け止めるべきだろう。近代科学・技術が自然との関係で築き上げてきた理解可能性・コントロール可能性を，教育という営みに，人間に適用することは正しいのか。それが批判的に問われたのであった。

　最後に，この他者論の主体を，教師だけでなく，子どもや若者にあてはめて考えることの意義についても確認しておこう。他者と向き合うことを回避する傾向は，近代以降，すべての人間に起こりうると考えられるからである。そのように考えれば，子どもや若者の他者の不在と言われる現象を別様に説明することもできるだろう。つまり，他者の不在とは，他人とかかわっておらず，自我形成が不全であることではなく，他者を自分にとって理解可能でコントロール可能な「他者像」に変換し，異質感や違和感を与える「本当の他者」との出会いを回避している状態を指しているのかもしれない。こうした状態が生じているなら，学校で教師がすべきことは，「心の教育」を中心とした道徳教育などではないだろう。教師は，日々，子どもが経験している他者との出会いを見逃さず，その時間を子どもに大切にさせることである。ある子どもに暴力を振るった子どもがいるとする。暴力が悪であることを伝えること，暴力を振るわれたことの辛さや痛みを共感できるように指導すること，これらは大切である。だが，その2人の子どもの関係に「本当の他者」との出会いがあると看取るこ

とができるなら，2人の子どもにじっくりと異質感や違和感を味わい，それについて考えさせる時間を取ることも必要であろう。他者との出会いは世代間の交流や異文化の交流などの「集合概念としての他者」との出会いによっても可能となるであろうが，実は日々の生活のうちに何より見いだされるものなのである。

3. 今，何を準備すべきか

　本章では，戦後教育学における発達の概念に加え，現代の「新しい教育学」，とりわけ教育人間学・教育哲学で論じられている生成と他者の概念をみることで，教育固有の価値について考える視点を提供してきた。それをふまえて，もう一度，理論－実践枠組みについて考えてみていただきたい。生成や他者の概念は理論に属していて抽象的で，実践とは何の関係もないとか，生成や他者の概念は実践でも検証されうる理論だと述べてみたところで，一体何になるだろうか。生成や他者について論じている大学の研究者は（教育哲学研究者は），大学という現場で，通常，研究よりも教育実践に多くの時間を費やしている実践家なのである。自分自身で生成の瞬間に立ち会い，他者と出会い，教育の不思議さを実感している当事者なのである。小・中・中等・高の教員はどうだろうか。自分は実践の人間だと分類し，教育研究には従事していない人たちなのだろうか。もちろん，教育研究には幅があることは事実である。大学院に進学したり，学会に所属し，研究発表をしている教師もいれば，勤務先の学校での同僚間の勉強会や学び合いに研究の幅が限定されている教師もいることだろう。しかし，いずれにしても，教育研究者であることには違いがないだろう。そうだとすれば，理論と実践の二分法で，小・中・中等・高の教員が教育研究を深める機会を阻害することこそ問題ではないか。研修や講習を設けても，その枠組みが理論－実践であれば，「省察的実践」の官製化のような事態が避けられない。

　以上のような現状をみると，教師が準備すべきことよりも，教師に学習環境を提供する側の策のなさを指摘せざるをえなくなる。それは本書の枠を越えている。本書の枠内では，そのような現状でも，教師は教育研究の機会を絞り出

すように見つけ出し，可能な限り，その幅を広げてほしいと言うことしかできない。大学教員と小・中・中等・高の教員は理論 - 実践枠組みによって，必要のない対立に置かれてきた。したがって，この枠組みを放棄して，教育実践の全ての当事者が教育固有の価値を省察する多様な機会を創り出す努力をすることが，今，準備できることの1つではある。勤務先の学校を夕方に出て，夜は現職教員が出席できる時間帯に設置された大学院の授業で学んでいる教師たち，同時に，そのことによって大学教員に学びの機会を与えてもいる教師たちを私は知っている。実務家教員を増やす傾向にある教職大学院のなかにも，教育哲学の必要性を主張し，私のような者でも講義に招いてくれる人がいる。そこには教職の「高度化」に実質を与えるために，この枠組みを放棄した姿が確かにあるように思われる。

■ 引用文献

秋田喜代美．1996　教師教育における「省察」概念の展開．森田尚人他（編）　教育学年報5―教育と市場―．世織書房．pp. 451-467.

Ariès, P.　1960　*L'Enfant et la Vie familiale sous l'Ancien Régime*. Paris: Plon.（杉山光信・杉山恵美子（訳）　1980　＜子供＞の誕生：アンシャン・レジーム期の子供と家族生活．みすず書房.）

土井隆義．2004　「個性」を煽られる子どもたち―親密圏の変容を考える―．岩波書店．

Edwards, G., & Thomas, G.　2010　Can reflective practice be taught? *Educational Studies*, **36**(4), 403-414.

古川泰．2010　〈未熟さ〉の教育理論―N. ルーマンのシステム理論を手がかりにして―．東京学芸大学大学院教育学研究科修士論文．

本田和子．1992　異文化としての子ども．筑摩書房．

堀尾輝久．1991　人間形成と教育―発達教育学への道―．岩波書店．

片桐雅隆．1991　変容する日常世界―私化現象の社会学―．世界思想社．

久冨善之（編著）　2008　教師の専門性とアイデンティティ．勁草書房．

黒田恭史．2003　豚のPちゃんと32人の小学生．ミネルヴァ書房．

丸山恭司．2000　教育において〈他者〉とは何か―ヘーゲルとウィトゲンシュタインの対比から―．日本教育学会『教育学研究』，**67**(1)，111-119.

丸山恭司．2002　教育という他者，教育における他者―教育のコロニアリズムを超えて―．教育思想史学会『近代教育フォーラム』，**11**，1-12.

永野重史．2001　発達とはなにか．東京大学出版会．

西平直．2005　教育はカマラを幸せにしたか―『狼に育てられた子ども』再考．西平直

（著）教育人間学のために．東京大学出版会．pp. 1-41.
Said, E. W. 1978 *Orientalism*. Vintage Books.（今沢紀子（訳）1993 オリエンタリズム（上下巻）．平凡社．）
佐藤学．1997 教師というアポリア―反省的実践へ．世織書房．
Schön, D. A. 1984 The reflective practitioner: How professionals think in action. Basic Books.（柳沢昌一・三輪建二（監訳）2007 省察的実践とは何か―プロフェッショナルの行為と思考―．鳳書房．）
千石保．2001 新エゴイズムの若者たち―自己決定主義という価値観―．PHP研究所．
Spivak, G. C. 1988 Can the subaltern speak? In C. Nelson, & L. Grossberg (Eds.), *Marxism and the interpretation culture*. University of Illinois Press.（上村忠男（訳）1998 サバルタンは語ることができるか．みすず書房．）
鈴木晶子．1999 教育的まなざしの誕生 現代思想，**27** (11)，40-62.
田中智志．2002 他者の喪失から感受へ―近代の教育装置を超えて―．勁草書房．
矢野智司．2000 自己変容という物語―生成・贈与・教育―．金子書房．

第10章

学校におけるリスク教育の可能性
安全教育の課題を乗り越える

1.「リスク教育」が目指すもの

(1) リスクと教育

　「リスク教育」という言葉は，日本の教育界ではあまり馴染みのないものである。「リスク」とはいったい何か，ということにもそれほど広い共通理解があるとは言えない。しかし他方で，現代社会はリスクに満ちた社会であるということは，誰しも疑わないところであろう。かつての子どもは，地域のなかで子どもだけで秘密の冒険をすることが容易であったのに対して，現在，家庭や学校では子どもを監視し，危険から遠ざけることが必須とされている。今では，小学校1年生が入学時にまず教えられるのは「危険な場所では遊ばない」ことであり，「不審なおとなにはついていかない」ことである。

　ところが，危険の可能性を回避する力を育もうとすると，おとなが子どもを監視して守るという方法には限界があることがたちまち明らかになるだろう。なぜなら，食品添加物や医薬品，そして大地震，原子力災害に至るまで，大小様々のリスクを抱え込んでいる私たちの生活のなかで，危険がいつどのように発生し，いかなる結果をもたらすのかは不透明であり，その判断はおとなにとっても容易ではないからである。したがって，危険から逃れるという発想は現実的なものではなく，むしろ危険を理解し，損害や災害の起こりうる可能性（リスク）とどう向き合うかが問われるのである。ここに，リスク教育の必要性が立ち上がってくる。

　「リスク教育」は，起こるかどうかわからない不確かな事柄に対して，自分にとって望ましくない結果を生まないために学習を行うことを目的とする，とひ

とまず説明しておきたい。リスクの本質は「不確実性」であり，したがってリスク教育は不確実な事柄を教育の目的として扱うことになる。

しかし，学校教育は，元来，不確実な事柄を教えることに不慣れである。学校教育では，学問的な確かさに裏づけられた内容を教え，確かな学力を定着させることが目指される。それゆえ，学校で行われる防災教育や安全教育においては，危険地帯を把握させることや，緊急時の連絡体制と避難場所を確実に教えることが中心となっている。しかし，このような確かな情報や知識には限界があり，先にも述べたように，私たちを取り巻く広範囲のリスクに対応することは困難である。不確かさをどう教えるかについての理解がなければ，学校においては危険について限定的に教えることしかできず，その対象を広げようとすると逆に子どもの行動を制限する結果につながってしまう。やみくもに危険を鼓舞することは，子どもを過度に不安にさせるか，それらを逃れられない運命と捉えて思考放棄に陥らせてしまうかもしれない。なぜ「危険」であり，なにが「不審」なのか。こういった問いを通して，不確かさとじっくりと向き合い，学習することがリスク教育では求められるのである。

リスク教育を構想するに際して，近年よく聞かれるリスク・アセスメント（リスク評価）やリスク・マネージメント（危機管理）に学ぶことも必要であり，学校経営において必須の事項とされている。しかし他方で，教育の場である学校においてリスクを問題にする際，企業的なリスク論と同型の発想でいいのだろうかという疑問も湧いてくる。もちろん，後で触れるように，近代社会システムとリスクのかかわりは本質的な問題であり，システムとしての学校のはらむリスクについても子どもに学習されることは必要である（石戸, 2007）。ただし，本章では，現行の安全教育の課題を乗り越えることを目指して，なぜ子どもの学びとしてのリスク教育が必要なのかという観点から考察していきたいと考えている。そこで，学際的な研究領域として形成されつつある「リスク学」の知見を引きながら，公教育の場である学校において不確実性としてのリスクをどのように教えることができるのかについて検討していきたい。

(2) なぜ「リスク」が問題なのか

生活のなかには，様々な困難や危険が存在する。では，あえて「リスク」と

いう言葉を使う場合，それはどのような性格をもっているのだろうか。

『リスク学事典』(2006) を紐解くと，リスクは「生命の安全や健康，資産や環境に，危険や傷害など望ましくない事象を発生させる確率，ないし期待損失」(木下，2006) であると説明されており，確率的に捉えるところにこの概念の1つの特徴があると言える。つまり，リスクは算:出:で:き:る:という考え方が基盤にあるのである。

また，「リスクを負う」という言い方にみられるように，リスクは無秩序に降りかかってくる危険ではなく，人々が主体的に選択する過程で発生するものであると考えられる。例えば「家を購入する」場合，その選択によって地価の下落や家屋倒壊，隣人の迷惑行為などの可能性をリスクとして背負う。したがって，人々は生活や経済活動においてできるだけ損失を小さくするために確率的な計算を行うのである。こうした主:体:的:な:選:択:による危険の確率という点が，リスクの固有性であると言える。

リスク概念の特徴をよりはっきりとさせるために，リスクと他の隣接する言葉の意味や成り立ちについて比較してみたい。表10-1は，オックスフォード英語辞典 (OED) からいくつかの語彙を一覧として示したものである。なお，「†」印は現在では使われなくなった用語法を指す。

表中で最も古い歴史をもつdanger(デンジャー)は，中世の封建社会下で支配者から受ける暴力を表す言葉であった。権力者による支配のもとで被る苦難が語源であり，そこから，「損害や傷害を被りやすいこと，それらにさらされること」という意味として発展している。dangerが権力者など大きな存在の意思によりもたらされるものであるのに対して，riskの方は後で述べるように近代社会の自由な人生選択と結びついた概念である点が異なっている。

続いて，hazard(ハザード)をみてみよう。この語は，ゲームやスポーツにおける賭けや冒険と，その際に発生するかもしれない危険を指している。dangerとは対照的に，自ら背負う危険であると考えていいだろう。

ではcrisis(クライシス)（危機）はどうか。この言葉は，病理学の領域において用いられ，病気の進行における決定的な瞬間（ターニング・ポイント）を表す言葉であるとされている。必ずしも，前二者にみられるような負の結果だけでなく，好転の見通しも含めて「命に関わる重要性 (vitally important)」を示しているので

表 10-1 リスク概念と隣接する諸概念の検討（*Oxford English Dictionary* より作成）

概念	日本語対訳	OED における説明	初出（年）
risk	危険，恐れ	名詞：ハザード hazard，危険 danger，不運 mischance や危険 peril に身をさらす 商業的損失のチャンスまたはハザード 動詞：危険を冒す，危うくする，傷害や損失の機会に接する 賭ける，チャンスをつかむ 何らかの状況に至るために挑む	1661
danger	危険，脅威，権力	†領主や主人の権力，支配，統治権，統治したり傷つけたり害したりする権力 †難しさ，ためらい，嫌気，注意深さ，中止，しぶしぶ，回避的 †敵による赦免の場，狭き門，苦境 損害や傷害を被りやすいこと，それらにさらされること。災害やリスク，危険を受ける機会にさらされる状態	1225
hazard	危険，冒険，運，賭け事	さいころゲームで多くの恣意的なルールにより賭けがうまくいかない場合 賭け，冒険 損失や損害のリスク，危険，危害 テニス：テニスコートの得点孔 †ビリヤード：ビリヤード台の角のポケット ゴルフ：バンカーやシダ，池，砂，緩んだ地面などの「悪い土地」を指す用語	1300
crisis	危機，難局，岐路	病理学：疾病の進行において回復か死かが決定的となる重大な展開や変化が訪れるポイント †天文学：惑星の「合」によって疾病問題や出来事の臨界点を決定すること 転移・比喩：何かの進行における命に関わるような重要な，あるいは決定的な段階，ターニングポイント	1543

ある。このようにみると,「危機」と「危険」は似ているようにみえて,その意味は大きく異なっていることが分かる。

さて, risk は, 表中にあるように他の用語よりも比較的新しく, 17 世紀に入って登場した概念である。面白いのは,「商業上の損失の可能性」について用いられてきたという点である。つまり, リスクというのは取引上発生する損失を想定するというものであり, hazard や danger といった古い危険概念を組み込みながらも, 市場の発達とともに登場してきた近代的な概念であると考えられるのである。ここから, 現代では, 流通システムの拡大と複雑化に伴って, リ

スクを評価（アセス）し管理（コントロール）する技術が要請されるようになってきたのである。

　近代社会システムの発達との関連に加えて，リスク学では，産業社会の進行と技術の高度化によってリスク概念の重要性が増してきたと指摘している。それは，あらゆる不確実な事象を人為的に統制し・う・る・，または統制を最大化す・べ・き・であるという観念を背景としている。現代では，災害予報の精緻化や遺伝子組み換えの農作物，人工臓器や遺伝子検査に至るまで，技術によるリスクの統制は日常的なものとなっている。

　さらに，技術自身が新たなリスクを発生させるという状況も生んでいる。自然への人間による介入が広がれば広がるほど，人為的ミスによるリスクは増大する。それだけではない。原子力災害に象徴されるように，技術の発達が新たな不確実性を生み出すという事態も生んでいるのである。このように，科学技術の革新と結びついている点がリスク概念の大きな特徴である。

　現代社会においては，人間が創り出したシステムや技術によるリスクによって人間自身が振り回されるという状況に直面している。ドイツの社会学者ベック（Beck, U.）がリスク社会学の古典の1つである『危険社会（リスク）』において問題にしたのは，人間の統制能力を超えたリスクをどのように分・配・するか，という近代社会の新たな課題である（Beck, 1986／邦訳, 1998）。ベックは，「富の分配」とは違って，環境汚染や原発事故にかかわるリスク分配は，特定の個人がこれを免れたり，逆にある階層に背負わせることができるものではないという点において，近代社会に固有のテーマであると指摘したのである。ここから，リスク教育の射程は，人類が技術開発とともに増大するリスクとどう向き合うかというシステムの問題を抜きにしては成立しないということになるのである。

(3)「リスク学」の問題提起

　現代社会においては，技術の高度化が急速に進む一方で，同時にその技術がもたらすリスクが増大するという関係にあることをみてきた。では具体的に，私たちはどのようなリスクに取り囲まれているのだろうか。

　『リスク学事典』（2006）によれば，リスクの発生源は13項目に分類される（盛岡, 2006）。これらはいずれも，技術の進歩によってもたらされうる危険で

表 10-2 リスクの発生源 (盛岡, 2006)

① 自然災害のリスク
② 都市災害のリスク
③ 労働災害のリスク
④ 食品添加物と医薬品のリスク
⑤ 環境リスク
⑥ バイオハザードや感染症リスク
⑦ 化学物質のリスク
⑧ 放射線のリスク
⑨ 廃棄物リスク
⑩ 高度技術リスク
⑪ グローバルリスク
⑫ 社会経済活動に伴うリスク
⑬ 投資リスクと保険

ある。自然災害リスクや環境リスクは，一見すると人間社会とは関係のないもののようにみえるが，やはり前近代に生まれた危険(デンジャー)概念とは異なる現代性をもっている。例えば自然災害の項は，自然がもたらす人間にとって「望ましくない事態」という意味で説明されている。望ましいかどうかは価値にかかわるものであり，それらの事態をコントロールしようとする人間の判断や行為自体がリスクをはらむ可能性がある。また，環境リスクは個人の手に負えないという意味では非自発的リスクではあるが，このリスクが人間の活動の帰結であることは言うまでもない。つまり，これら13項目のすべてにわたって，人間自身が危険を作り出すということが問題になってくるのである。

「リスク学」は，自然科学のみならず，政治学や社会学，心理学など学際的な領域として研究が進められているが，その枠組みは以下のような4つの段階によって示されている。

①リスクの発生源を類型化する段階
②科学的な知見によるリスク評価の段階
③関係主体間におけるリスク・コミュニケーションの段階

④リスクを防いだり回避したりするためのリスク・マネジメントの段階

したがって，先の13項目は①の段階における作業にあたるものである。

リスク学の関心が集中しているのは，「リスク」という不確実性に対して果たして科学的にすべてを統制できるのかという点である。通常の科学は確実性を追求するが，リスク学においては「100％確実に起こる危険性であれば，それをリスクとは呼ばない」（木下，2006）とされ，不確実性が学問の中心に位置づけられることになる。もし，徹底して科学的な解決を求めるのなら，同時にリスクを増殖させるといういたちごっこを覚悟する必要があるのではないか。したがって，科学性と非科学性のいずれか——確率論か，決定論か——ではなく，両者の間のグレーゾーンに取り組むことが求められることになるのである。

もう1つ注目したいのは，先にみた段階論におけるリスクをめぐる「コミュニケーション」のあり方である。特徴的なのは「共考」という概念が用いられ，主体間の「熟議」を通してリスク管理に取り組むという過程が重視されている点である。専門家任せにしないというこの立場は，1つには専門家や政治家も確実な答えをもちえないということ，そしてもう1つはリスクの捉え方には「安心」や「不安」といった生活者の主観的な判断が働くという理由によるものである。したがって，不確実性に対する個人の価値や文化を考慮しなければ，リスク・マネージメントの段階には至らないのである。

リスク学が提起するのは，「ぎりぎりの判断と選択の上に極小化されたリスクをみずから受け入れる市民の意識」（盛岡，2006）を涵養し，主体的な市民参画のアプローチを採用することである。そのためには，人々が「あいまいさへの耐性」（木下，2006）をもつことが必要であるとも指摘されている。ここから，リスクについて学ぶということは，単なる知識としてのリスクに留まらないことがわかるだろう。リスクを正確に見積もり，回避する方法を見いだし，また影響を最小限に止める対応を行う——すなわち，「リスクとどうつきあうか」を考えることが重要であり，さらには，個人の力量としてだけではなく，「リスクと賢くつきあう力を育てる新たなコミュニティ」（盛岡，2006）の形成に学習がつながっていく必要がある，とリスク学は提起するのである。

以上を受けてリスク教育を構想するうえでは，子どもに求める能力について

の深い検討が不可欠である。リスク学では，人々が「自由で創造的であると同時に自省的，自律的で自己革新力」をもつことが重要であると述べられている（盛岡，2006）。一般的な教育論議でも登場する「創造性」や「自律性」が，ここではまさにリスクをめぐる死活問題として論じられているのである。なぜリスク教育において自己革新力が必要なのか，従来の防災教育とどのように違うのか。以下では，公教育におけるリスク教育の可能性について考えていきたい。

2. 安全教育からリスク教育へ

　人間の活動が生み出す帰結としてのリスクについて教えるとき，道徳教育におけるモラルジレンマに類似した授業が想像されるかもしれない。携帯電話の使用は電磁波による健康被害を及ぼす可能性があると言われるがあなたはどう考え行動するか，といった具合である。しかし，リスク教育の場合には，「どのような選択をするか」という個人の立場を決定する以前に，リスク評価やコミュニケーションなどいくつかの手法と段階があり，決定に至る過程が問題となってくる。また，どのようなリスクを取り扱うかによってもその授業形態は変わってくることが予想される。

　まずは日本の現状を取り上げるのだが，日本では，「安全教育」という名称で取り組みが行われている。なぜ安全なのか。リスクと安全はどう違うのか。この点に注目しながら，以下に検討しよう。

(1)「安全教育」の取り組み
　教育現場において，「安全」の確保が最優先される事項であることは改めていうまでもない。2001年に発生した大阪教育大学附属池田小学校での殺傷事件以降，防災教育に加えて，防犯教育も広く行われている。文部科学省は，2010年に「『生きる力』をはぐくむ学校での安全教育」を発行し，安全教育の目標として「的確な思考・判断に基づく適切な意思決定や行動選択ができる」「危険を予測し，自他の安全に配慮して安全な行動をとるとともに，自ら危険な環境を改善することができる」「安全で安心な社会づくりの重要性を認識して，学校，家庭及び地域社会の安全活動に進んで参加・協力し，貢献できる」などの

目標を掲げている。現在，学校現場では，安全マップづくりやヒヤリハット体験，「いかのおすし」等の標語の共有などの安全教育が積極的に行われているところである。

文部科学省の提起を受けて，日本安全教育学会では，学校教育を通した「安全能力」の涵養の必要性を論じて，その内容を「①危険予知能力」「②安全維持能力」「③事故対応能力」の3つによって構成されると定義している（藤井他，2007）。これらは，安全能力の体系を事故発生前後の時系列に対応する形で示しているところに特徴がある。このうち，「安全維持能力」では，危険に遭遇したときにいかに安全を図ることができるかが問われるものであるが，学会での検討過程では「人間性」や「社会適応力（適応共生力）」という表現も使われてきた。なぜなら，ヒューマンエラーが発生しやすい事故の遭遇場面では，情動のコントロールや自分の行動を客観視できる能力など，個人の性格や気質が大きくかかわってくるからである。

教育において安全を考える際に，子どもの成長という観点から人間性や社会適応力といった能力に焦点が当たるのはありうることである。安全教育では，子どもの身体的能力，知的能力，性格態度から総合的に判断し，なかには「事故傾向にある子ども」をスクリーニングする検査も開発されている（松岡，2002）。つまり，子どもの傾向を把握しつつ，児童生徒の「心」に働きかける安全教育を，全教育活動を通して実施することが提案されているのである（関根，2002）。例えば，小学校では環境美化や集団下校なども具体的な安全教育の取り組み例となる[1]。

以上から，安全教育では子どものライフスキルとしての情緒面や道徳的な力量に焦点が当てられており（小川，2009），交通安全や避難訓練を年に数回取り上げるという従来の防災教育よりも体系的な取り組みが進められていることが

---

[1] 他にも，中学校では「自律的・主体的な安全行動」の育成や思春期の課題に対応した問題解決型・参加型の学習が行われている（石毛，2002）。また高校では車やバイクの運転について，これまで「4 + 1ない運動」（免許を取らない，買わない，乗らない，乗せてもらわない，親は子どもの要求に負けない）など規制・禁止によって対応してきたが，安全教育では自ら「くるま社会」の一員としての社会的責任についての認識を深めさせる取り組みが行われている（先崎，2002）。

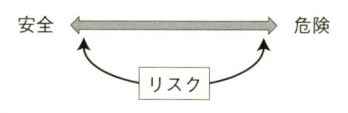

```
        安全 ←――――――→ 危険
              リスク
        情報公開やコミュニケーションを通した分析
```

図10-1　安全・危険に対するリスク概念の位置づけ（日本リスク研究学会，2006）

理解されよう。しかし，他方で，リスクそのものをどう理解し，専門家と住民が「共考」してリスクに取り組むかという先にみたリスク学の提起とは重心の置き方が異なっていると言える。ここに，学校教育ではリスク教育よりも安全教育が推奨される理由があると考えられる。学校においては，目に見えない不確実なものをリスクとして対象化しながら，それをめぐって主体間でコミュニケーションするという方法よりも，安全という目標を設定し，子どもの心と身体を方向づけるという方が学校教育の枠組みにはめ込みやすいからである。

しかし，安全教育の方法では，危険そのものへの理解については曖昧なものに留まってしまうという問題がある。リスク学では，「安全」と「危険」を同一の事柄の裏表と捉えることに警戒を促しており，両者を対局に位置づけなければならないとしている。リスクは安全と危険の「中間概念」であり，リスクの程度を分析するためには情報公開や市民参加によるコミュニケーションが不可欠であるとされるのである（図10-1）。ここから，教育において安全のみを問題にすれば，結果としてリスクや危険は不問に付されてしまうことがわかる。

教育の問題だけではない。そもそも日本人は両概念の間のグレーゾーンを見積もるという発想が弱く，一度災害が起これば「二度と同じ悲劇を繰り返さない」との精神論か，政府の「安全宣言」が出れば安心するという行政への依存がしばしばみられると指摘されている（末石，2006）。安全と安心を併記して捉える災害との日本の情緒的な対し方があるとすれば，リスク教育を推進するうえでは，そういった日本の文化的背景を考慮する必要もあるだろう。そこで，次にイギリスにおけるリスク教育の現状を取り上げ，比較の視点をもちたい。

(2) イギリスの経験

ヨーロッパでは，安全を確保するためのリスク教育が学校において積極的に

表 10-3 リスク教育の形態（HSL, 2004a より作成）

カテゴリー	方法	考え方の基盤
知識中心，単独の独立した方法（トップダウン）	導入コース，ルールの理解	情報の伝達
	事故の事例	情報の伝達
	「ハザードを探せ」シート	情報の伝達
	実践的な試験	情報の伝達
	教師によるプレゼンテーション	情報の伝達
	専門家によるプレゼンテーション	情報の伝達
	ビデオ	情報の伝達
スキル中心，実践またはグループワークの方法（ボトムアップ）	実践的学習	実践的スキル，ライフスキル
	グループ討議	意思決定，ライフスキル
	活動を伴う説明	情報の伝達，ルールの実施
	略式のリスク評価	ライフスキル
	ロールプレイ	意思決定，ライフスキル
	個人防護用具（PPE）の使用	規制への対応
	ルールの確認	ライフスキル，規制への対応

取り組まれているが，なかでもイギリスでは，ナショナルカリキュラム（学習指導要領）の2000年版において，美術（Art），デザインと技術（D&T），情報（IT），体育（PE），人格社会教育（PSE），理科（Science）といった科目で「健康・安全・リスク教育」を扱うことが明記されている。

では，実際に教師はどのようにリスク教育を実践しているのだろうか。イギリスの安全衛生局（HSE: Health and Safety Executive）にある健康安全実験所（HSL: Health and Safety Laboratory）は，教員調査を実施し，リスク教育プログラムの開発向上を目指して研究を進めている。

HSLが行った調査[2]は，実際の授業の形態は校種間，教科間，地域間で大きな違いがあるが，それらを表10-3のように「知識中心」のトップダウン型と，「スキル中心」のボトムアップ型に分けて整理することができるとしている。

2）本調査は，英国国内の初等学校2校と前期中等学校5校の教員51人に対して行われたインタビュー調査の結果である（HSL, 2004a）。

情報の伝達は，正確にリスクを見積もることや，高リスクの行動を抑制するうえで重要であり，方法としては特に地域で起こった事故の事例や，外部の専門家の講話が子どもの関心を引き出しやすいという。スキル中心の方法は，子ども自身が体験を通してリスクについて考え，議論し，どのように回避しうるかという技術や方法を学んでいくものである。スキル中心の方法が知識中心の方法によって基礎づけられ，両者の組み合わせによって授業が展開されるならば，子どものリスク理解が深まり，また広がりをもつのではないか，というのがHSLの提案である。

しかし，実際には，体系的な取り組みがなされている学校は多くはなく，この一覧のうちの数項目を個別に行っているのが現状であるとされている。ナショナルカリキュラムにおいて「健康・安全・リスク」が明記されたことで，普段の授業も意識的にこの枠組みで捉えるようになったとインタビューでは語られてはいる。けれども，なかには，健康や安全に関しては日々のすべての教科に含まれるものであり，あえて特定の時間を設定する必要性を実感していない教師もいるという。

さらに調査では，教師にとって健康教育や安全教育といった概念は馴染みのものではあるが，「リスク教育」についての理解は十分ではないことが浮き彫りにされている。したがって，たいていの場合，リスク教育は場当たり的なものとなっていて，感覚的な「常識」に頼っているのが現状である。学校教育において「リスク」よりも「安全」の方が目標として共有されやすいというのは，日本の事情と共通していると言える。

HSLによる別の教員調査[3]をみると，全体として教師は健康や安全のリスクについて意識的に教えている割合が6割と高く，学校でリスク教育を行う必要性を9割の教師が認めていることが明らかにされてはいる。しかし，教科ごとにどの程度リスク教育が意識されているかという点に関しては差がみられ，特に前期中等教育の場合，デザインと技術（D&T）[4]と科学（Science）を教える

---

[3] 本調査は，英国全土から無作為に抽出された地域の初等・中等学校（前期）教員315人に対して行われたもので，特に中堅の教員層の割合が高いものである（HSL, 2004b）。

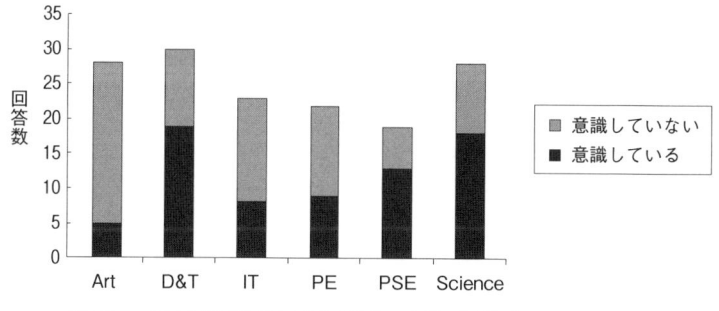

図 10-2 リスク教育教材に対する教師の意識（教科別）(HSL, 2004b)

教師が最も意識が高く，それに人格社会教育（PSE）[5]が続いている（図 10-2）。中身をみると，前二者の場合は，器具の取り扱いに注意を促すなど，作業に関連した内容が中心である。一方，人格社会教育という日本ではあまり馴染みのない名称の領域では，社会問題（いじめ，薬物中毒，犯罪，汚染問題など）がトピックとして取り上げられ，スキル中心の方法によってコミュニケーションや意思決定能力などの「ライフスキル」を発達させることが意図されている。したがって，この教科が中心となってリスク教育が展開されることが期待されているが，現状では専門的なトレーニングを受けた教師が少なく，ワークシートや外部講師に頼って行われているのが実態であるという。また，取り上げられるトピックの選択は体系化されているわけではなく，個々の学校や教師の選好に影響を受けている点も課題であるとされている。

調査から，HSL は，今後のリスク教育プログラムを発展させるうえで，次の3つの基本目的を挙げている（HSL, 2004a）。

(a) 意識の高揚：損害の発生源に対する知識や理解を広げるための戦略
(b) 転用性あるスキル：転用性の高いライフスキル（リスク評価やリスク管

---

4) Design & Technology は日本における技術・家政科にあたる科目である。
5) Personal and Social Education は，子どもの人格的・社会的教育であり，クロス・カリキュラム領域として広範囲の内容を教える科目とされている。その後，人格社会健康教育 Personal, social and health Education（PSHE）と名称を変えている（堀内，2004）。

理にかかわる）の育成を目指した先進的方法
（c）行動の変容：リスクの高い行動を減らすための方法

　リスクを認識できること，それを回避するスキルを有すること，そして自らの行動をリスク教育によって変えることを報告書は求めている。そのためには，避難訓練を繰り返すだけでは十分ではなく，「リスクとは何か」や「リスク管理の基本」などの原理的な内容の修得が必要であると指摘されている。従来の方法では子どもは避難訓練通りの災害が生じた際には対応できるかもしれないが，緊急時に必要となる瞬時の判断能力を育成するには，リスクに対応できる態度を形成するように教育の中身を変えていく必要がある。それには，教師がリスク概念やリスク教育に対して苦手意識をもっている状況をどのように乗り越えるのか，そのための教員研修のプログラム作りが課題であることも指摘されている。

(3) 教育における安全，リスク，不確実性

　日本とイギリスの例をみてきた。現代を生きる子どもにとって学校教育において「安全能力」や「ライフスキル」を身につけることが必須とされていることは両者に共通している。日本では，生きる力とかかわらせて安全能力の形成が目標に掲げられているが，その内容は，普段からできるだけ危険を避けるようにし，危険に直面した際には社会的な行動が取れるような人間性を育むといったものであった。そして，「安全＝安心」という枠組みが強く，感覚的に安全や危険を捉える傾向から，リスク概念のもつ不確実性への確率論的な把握が弱いという点もみられた。

　他方，イギリスでは，リスク教育の重要性については合意形成がなされているものの，カリキュラムは体系性を欠いており，教師にとってリスクについての授業を実現するための資源や方法の開発は容易ではないことがわかった。さらに言えば，安全やリスクといった概念についての教師間の理解にも曖昧さがみられるという課題が挙がっていた。

　リスク教育が目指すところは，身の回りに諸種の危険が存在する現代において，個々人がリスクを的確に見積もり，回避し，安全な社会を形成する能力である。しかし，リスクは不確実性に満ちている。教科書に書かれた確実とされ

る内容とは違って，不確実なものを教える作法を学校教育は備えていないのではないか。それが現行の安全教育の直面している壁ではないかと考える。そのうえで，今，何ができるかについて最後に述べたい。

3. 今，何を準備すべきか

　リスク学は，リスクに対して萎縮するのではく，自由で自律的であり，自己革新を続けることを要求している。しかし，ここに言う自由や自律は「強い個人」を想起させるので，成長過程の子どもの場合と同列に置くことは早計であるように思われる。
　では，学校教育でこそ取り組まれるべきリスク教育とはどのようなものだろうか。以下に2つの視点を提示したい。

(1) 危険と危機を峻別する視点をもつ

　日本の学校では，東日本大震災を受けて，防災教育のあり方が大きく見直されようとしている。文部科学省は，2013年3月に「『生きる力』を育む防災教育の展開」を示し，詳しいチェックシートや具体的な取り組み例を挙げながら災害時における学校の役割について詳しく論じている。
　また，原子力発電所の事故により，これまで潜在化していたリスクが具体的に「線量計」や「避難」などといった形で子どもの生活を大きく変えている実態がある。学校では，原発についての授業が各地で見直され，新しい授業づくりも提案されている（子安，2013）。
　学校教育において，リスクについて教えることは避けては通れないという事態が3.11後に進行したと言える。しかし，本章でみてきたのは，リスク教育は従来の学校の枠組みにおいては容易に実践できるものではないということであった。そこで，これからリスク教育を進めていくうえでまず深めるべき点は，不確実な事柄を学校で教える際の，「危機」と「危険」の質的な違いを見極めることであると考える。
　先にもみたように，「危機」は重要なターニングポイントという意味をもっており，教育の場でもエリクソンの発達理論に言うアイデンティティ・クライシ

スという用法で知られるところである。つまり，子どもの成長は危機によってもたらされると言ってもよい。教師であれば，子どもの抱える危機をどのようにつかみ，支え，突破させるかというところに仕事のやりがいを見いだすのではないだろうか。しかし，リスク教育の取り扱い方によっては，逆に子どもを危機から囲い込み，成長の機会を奪ってしまう事態も考えられる。

　病気への罹患，いじめ・不登校，家族の混乱，地域社会の変動，環境汚染……。それぞれのトピックに，危機と危険の双方の側面が存在するのではないだろうか。教育活動においてこういった困難で確実な答えのない事柄を取り上げる際には，教師は危機と危険の局面を見極めながら，「危機の乗り越え」と「危険の回避」の双方を学習の態度として形成することが授業づくりにおいて１つの視座となろう。

(2) 学校でリスク・コミュニケーションを行う意味を考える

　福島第一原発事故のもたらした問題の１つに，自主避難の問題がある。放射能という目に見えないリスクと対峙するときに，避難するか否かについての判断は「自己責任」のもとに置かれている。ベックは，近代社会がリスクの「個人化」をもたらすと述べているが，まさにその状況が現在の日本で進行していると言っていいだろう。

　リスク学の節でも触れたが，リスクと向き合うにはコミュニケーションの過程が不可欠である。一般的に，リスク・コミュニケーションは，リスクを与える側（例えば企業）と受ける側（例えば住民）との間で行われるとされるが（刈間，2006），学校においても取り組まれる必要があると考える。

　東日本大震災の年，鹿児島県のある高等学校では，被災地方面の修学旅行の計画をめぐって，生徒，親，教師，旅行会社も巻き込んで放射能についての学習が行われ，結局行き先が変更されたことがあった。変更をめぐる評価は様々であろうが，不確実性の高い事柄について共同の学習が行われたことそのものが，生徒にとって大きな収穫であったと思われる（前田，2012）。

　ここでのリスク・コミュニケーションは，一般的な意味でのコミュニケーション能力とは異なり，リスクの個人化（自己責任化）を乗り越える経験としてのそれである。生徒らは，卒業後は自己責任のもとで個別の判断を迫られる社

会に否が応にも身を置くことになる．したがって，リスクをめぐってともに考える機会を提供することが公教育の役割として重要ではないかと考える．

■ 引用文献

Beck, U.　1986　*Risikogesellschaft: Auf dem Weg in eine andere Moderne*. Suhrkamp.（東廉・伊藤美登里（訳）　1998　危険社会．法政大学出版局）．
藤井真美・刈間理介他．2007　安全能力の概念と構造．安全教育学研究, **7** (1), 3-15.
Health and Safety Laboratory.　2004a　Teaching Practice in Risk Education for 5-16 years olds. Report Number HSL/2005/23.
Health and Safety Laboratory.　2004b　Risk Education Provision: A survey of schools in England, Scotland and Wales. Report Number HSL/2005/24.
堀内かおる．2004　英国における子どもの人格的・社会的発達支援教育の様相．横浜国立大学教育人間科学部紀要 I，教育科学 **6**, 145-162.
石戸教嗣．2007　リスクとしての教育：システム論的接近．世界思想社．
石毛俊三．2002　中学校における自律的・主体的な安全行動の育成．安全教育学研究, **2** (1), 69-73.
刈間理介．2006　リスクコミュニケーションに関する学校教育の必要性．安全教育学研究, **6** (1), 15-27.
木下冨雄．2006　不確実性・不安そしてリスク．日本リスク研究学会（編）2006　増補改訂版　リスク学事典．阪急コミュニケーションズ．pp. 13-15.
子安潤．2013　リスク社会の授業づくり．白澤社．
前田晶子．2012　被災地への思いを学びにつなげる．坂元忠芳（編）東日本大震災と子ども・教育．桐書房．
松岡弘．2002　21世紀の学校安全教育．安全教育学研究, **2** (1), 45-54.
文部科学省．2010　『生きる力』をはぐくむ学校での安全教育．
文部科学省．2013　『生きる力』を育む防災教育の展開．
盛岡通．2006　リスク学の領域と方法．日本リスク研究学会（編）2006　増補改訂版　リスク学事典．阪急コミュニケーションズ．pp. 2-12.
日本リスク研究学会（編）2006　増補改訂版　リスク学事典．阪急コミュニケーションズ．
小川和久．2009　安全教育とライフスキル　安全教育学研究, **9** (1), 15-29.
関根祐一．2002　学級経営における「生きる力を育む安全教育」安全教育学研究, **2** (1), 55-61.
先崎孝彦．2002　神奈川県の高校における交通安全教育について．安全教育額研究, **2** (1), 75-78.
末石冨太郎．2006　安全とリスクの違い．日本リスク研究学会（編）2006　増補改訂版　リスク学事典．阪急コミュニケーションズ．pp. 16-17.

おわりに

　近年，新聞等で子どもによる暴力事件の報道が増えている。文部科学省の統計調査（児童生徒の問題行動等生徒指導上の諸問題に関する調査）によると，ここ数年は5.5〜6万件の暴力行為が発生しているという。この動きは，校内暴力全盛期の再来のようにもみえるが，暴力を生じさせる理由は大きく異なっているように思われる。学校や教師，ひいては大人社会への抵抗という側面が強かったこれらの行為は，現在では子ども自身が「どうせ自分なんか……」と自暴自棄になり，突発的で抑制が効かないケースが多くみられるという。
　子どもの姿に現れるこのような深刻な問題は，新自由主義改革による社会情勢の不安定化と，その下でめまぐるしく進行している教育改革，さらに子どもの育ちをじっくりと捉え返す余裕のなさといったことが重なって発生しているのではないだろうか。そして，教師は，そういった子どもの姿を目の当たりにしながら，どのように子どもを理解することができるのか，かつ彼らが育つ未来を見通すことができるのかという困難な課題に取り組んでいると言える。
　本書は，教育への社会的要請に応えるために研修が増えるという状況のなかで，現状の課題を突破しうるような≪次のステップ≫となる内容を提供しようとするものである。まず，子どもが歩む人生と未来の社会を構想したうえで，彼らがこころとからだを太らせ，自己と社会を形作っていくために何が必要かを論じているのが第Ⅰ部である。子どもの育ちと未来を見通すことは容易なことではないが，保育士，そしてどの校種の教員も切望していることではないだろうか。子どもの社会認識の形成，発達障害児の支援，キャリア教育を扱った各章は，この見通しを得るための具体的な視点やツールを提示している。
　第Ⅱ部では，学校や保育所が制度として変革を求められているなかで，子どもの生活圏であり，かつ保育者と教師の職場である園や学校において何をすべきかを取り上げている。ここでは，保育者と教師が専門家集団として成長しながら，「改革の担い手」として園や学校の内部において取り組むべきことがらに

ついて論じている。特に，政策として外から要請される改革を受け止めながらも，内在的な変革の契機を重視した。各論考は，今を生きる子どもの生活をふまえて論じてはいるが，家族や友人関係，地域の情勢などについては具体的に触れることができなかった。ぜひ，それぞれの現場で，目の前の子どもの姿に即して，これからの園や学校のかたちを展望してほしいと願っている。

　第Ⅲ部は，《次のステップ》に向けて真の意味での第一歩を踏み出すために，教育の思想や態度を問い直す内容で構成している。思想や態度は，実践を深いところで支えており，かつ簡単には変わらないものである。しかし，危機的な状況において子どもをどのようにつかむか，また教師としてどのような態度を取るかは，現代においては決定的な問題である。いじめに苦しみ生きることに悩む子どもにどう接するか，といった場面でそれは問われてくるだろう。本書では，子どもが心を躍らせる「生成」の契機や，生や性，リスクをめぐる「不確実性」に向き合い続ける作法を問題にしている。これらは論争的な内容であり，またそうあるべきものである。保育者や教師としての自己形成において迷いや疑問を抱いている人に，ぜひ読んでもらいたいと思っている。

　本書を作る過程では，これまでの保育・教育政策を転換させるいくつもの改革が浮上し，そのなかで「今，何を準備すべきか」について，それぞれの著者が模索しなければならなかった。また，集まった論考を読み，批評し合い，各部にまとめる編集作業では，電子メールだけが頼りであった。物理的・心理的距離を感じることもあったが，結果的にはそのことが吉と出たように感じている。各執筆者が専門的知識と独自の視点をもって《次のステップ》を提示したことが，拡散するどころかひとつの「かたち」を作り上げたことは私たちにとって大きな希望となった。なかなか全体が見通せないなかで，粘り強く見守っていただいたナカニシヤ出版の山本あかねさんに心より感謝の意を表したい。彼女の励まし抜きには，矢継ぎ早の改革に抗して本書をまとめることはできなかったであろう。

編者の一人として
前田 晶子

事項索引

あ
アスペルガー症候群　19
遊びを通した総合的な教育　72
新たな学び　93, 95, 96, 99, 101
安全教育　182, 183
暗黙知　169
家永三郎教科書裁判　137
生きる力　97, 141
　——の基礎　64
いのちの教育　162
インクルーシブ教育システム　27
ヴィゴツキー・ルネサンス　149
エクソシステム　76, 81-85
エンプロイアビリティ　43, 98-100
園文化　84, 89, 90
オープンスクール　102, 103
おとなの学び　128

か
拡充　41
　——専門教師　41
学習障害（LD）　19
学習のユニバーサルデザイン　29
学力低下　142
学校運営協議会制度（コミュニティースクール）　118
学校選択制　140
学校と地域との連携　114, 120
学校評議員制度　118
葛藤　9
カテゴリー的思考　8
環境構成　75, 81, 82, 84-86, 88
環境を通した教育　75

キー・コンピテンシー　97, 101
危機　177, 178, 189, 190
基礎的環境整備　27, 28
基礎的・汎用的能力　39
キャリア　38
　——・アントレプナーシップ教育　43
　——教育　31, 37
　——の見通し　47
9, 10歳の節　8
教育環境の人間化　118
教育人間学　159
教育のアウトソーシング（外注）化　48
教育の私事化　143
教育評価　69
競争原理　140
協働・協同　152
規律型権力　145
近代教育思想　135, 136, 138, 171
グッドワークプロジェクト　45
クロノシステム　76
公定価格　58
校内委員会　21
合理的配慮　27
国民の教育権　136, 138, 158
5歳児健診　24
個性　143, 144
　——重視の原則　139
子ども・子育て関連3法　55
子ども・子育て支援新制度　55, 71, 87
子どもの誕生　168
子どもの発見　168
個別の教育支援計画　21
コミュニティ担任　124

コントロール可能性　171

さ
才能教育　41
時間管理　69
時期区分　7
自己管理能力　39
自己評価　68
私事化　143, 144
私事の組織化　136, 143
実在概念としての他者　166
実践　134, 153, 156, 157, 172
　――知　169
質の向上　59
児童（子ども）中心主義　141-143
自閉症　19
　――スペクトラム　19
司牧者権力　146
社会的構成主義　148, 149, 159
社会認識　10
周囲への依存から自立へ　64
自由化・個性化　139
集合概念としての他者　166-169
主体化＝従属化　144
生涯学習担当教員　124
障害者の権利に関する条約　27
職員間のマッチング　67
職員の評価基準　62
職業観　42
職場体験活動　41
新学力観　93, 94, 96, 141
新教育運動　143
新自由主義　94, 139, 140, 142, 143, 166
新保守主義　140, 166
進路指導　38
杉本判決　137
「制限と妥協」理論　49
省察の実践家　155
生成　161
生態学的アプローチ　75

生態学的環境モデル　80
戦後教育学　135, 147
潜在的他者　170
　――性　166
早期離職者　37

た
待機児童解消　56
　――加速化プラン　59
退職理由　61
第4の領域　113
対話法　13
他者　165
　――との出会い　171
　――の役割取得　165
地域コーディネーターの配置　124
地域とともにある学校づくり　119
地域の教育力　118
小さな政府　139
知的障害　19
注意欠陥多動性障害（ADHD）　19
対による思考　9
通級による指導　29
DSM-5　19
DeSeCoプロジェクト　97
蕩尽　161
特別支援学級　29
特別支援教育　20, 21
　――コーディネーター　21

は
発達　158, 160
　――課題　7
　――障害　19
　　　――者支援センター　26
　　　――者支援法　19
パノプティコン（一望監視装置）　145
PISA型学力　151
不確実性　170, 176, 188
不確定性　170

複式学級　106, 107
プラグマティズム　149
　　──・ルネサンス　148
フロー　45
文化的実践　149
文化-歴史的活動理論　149
保育教諭　55
保育士の確保　59
保育者の専門性　71
保育の必要性の認定　57
方法概念としての他者　166, 169
ポートフォリオ評価　48
ポストコロニアリズム　167
ポストモダニズム　167

ま
マイクロシステム　75, 82, 83
学びの文脈　98, 101, 102, 107, 109, 110
無業者　37
メゾシステム　76, 80, 82, 83
メタ認知　151

や
役職に就くことへの抵抗　67
薬物療法　25
野生児　159
有用性の原理　160
ゆとり教育　141, 142
幼保連携型認定こども園　56
　　──教育・保育要領　63
4領域8能力　38

ら
ライフプランニング　37
理解可能性　168, 171
risk　178
リスク　177, 179, 180, 181
　　──・コミュニケーション　190
　　──学　176, 179, 180, 181
　　──教育　175, 181, 182, 185, 187
利用者補助方式・直接契約方式　57
理論　134, 153, 156, 157, 169, 172
臨時教育審議会　139
冷戦後教育学　144, 149

人名索引

A
Adler, A.　iv
秋田喜代美　72, 73, 87, 88, 155
Ariès, P.　168

B
Bataille, G. A. M. V.　160
Beck, U.　179, 190
Bentham, J.　145
Bernstein, B.　94, 109
Bronfenbrenner, U.　75, 76, 80, 83, 84, 88

C
Cairns, L.　40, 44
Cole, M.　149
Csikszentmihalyi, M.　45-47

D
Damon, W.　45
Derrida, J.　167
Dewey, J.　134, 144, 148-152
土井隆義　165

E
Edwards, G.　156
Engeström, Y.　102

F
Foucault, M.　144-148, 152
Freud, S.　159
藤井真美　183
古川　泰　163, 164
古屋恵太　ii

G
ガリレオ・ガリレイ　15
Gardner, H.　45
Garrison, J.　149
Gottfredson, L. S.　49

H
萩原浅五郎　8
原　武史　148
Havighurst, R. J.　6, 7
Haeckel, E. H. P. A.　159
Hegel, G. W. F.　160
本田秀夫　32, 33
本田和子　168
堀尾輝久　136, 147, 148, 158
堀内かおる　187

I
市川奈緒子　24
Illich, I　103
今井正次　107
今井康雄　138, 144
石戸教嗣　176
石毛俊三　183
伊藤周平　57
岩田泰秀　19

K
刈間理介　190
柏女霊峰　80
片桐雅隆　165
木下冨雄　177, 181
小林芳郎　76

小玉重夫　　134, 135
小枝達也　　24
子安　潤　　189
久冨善之　　155, 193
栗原はるみ　　24
黒田恭史　　162, 163

L
Lave, J.　　89, 102
Lévinas, E.　　167
Luhmann, N.　　167

M
前田晶子　　ii, 190
Malloch, M.　　40, 44
丸山恭司　　166-169, 171
松原治郎　　114
松為信雄　　31, 32
松岡　弘　　183
松下佳代　　101
Mead, G. H.　　165
宮原誠一　　126
宮崎　駿　　164
森　則夫　　19
盛岡　通　　179-182
森上史郎　　80
諸富祥彦　　41, 43
無藤　隆　　72

N
中村強士　　72
中西信男　　38
中曽根康弘　　139
中内敏夫　　102, 104, 105
夏堀　睦　　42, 45
西平　直　　160
日戸由刈　　32, 33

O
小川和久　　183

大橋喜美子　　74
大野　晃　　117
大内裕和　　141, 143

P
Piaget, J.　　13, 149, 158-160
Prawat, R.　　149

R
Reagan, R. W.　　139
Renzulli, J. S.　　41, 44
Rousseau, J.-J.　　134, 168

S
Said, E. W.　　168
坂井敬子　　46, 65
坂元忠芳　　94
佐藤　学　　155
関根祐一　　183
千石　保　　165
先﨑孝彦　　183
下村英雄　　42
庄司順一　　75
Schön, D. A.　　155
Silberman, C. E.　　103
ソクラテス　　14
Spivak, G. C.　　168
末石冨太郎　　184
菅山真次　　100
杉山登志郎　　19, 25
Super, D.　　38
鈴木晶子　　159

T
高乗秀明　　44
田丸敏高　　10, 13
田中千穂子　　24
田中智志　　169, 170
Thatcher, M. H.　　139
Thomas, G.　　156

鳥山敏子　　162
鶴谷主一　　48

U, V
上野　淳　　105, 106
Vygotsky, L. S.　　13, 102, 144, 148, 149, 152, 158

W
Wallon, H.　　9, 13

渡辺英則　　71, 91
Wenger, E.　　89, 102
Wertsch, J. V.　　149
Wittgenstein, L. J. J.　　167

Y
山本　睦　　45, 46, 65
山本　努　　115
矢野智司　　160-163
屋敷和佳　　116

【執筆者一覧】（五十音順，*は編者）

小栗有子（おぐり・ゆうこ）
鹿児島大学生涯学習教育研究センター准教授
担当：第7章

竹石聖子（たけいし・しょうこ）
常葉大学短期大学部保育科准教授
担当：第5章

田丸敏高（たまる・としたか）
福山市立大学教育学部児童教育学科教授
担当：第1章

古屋恵太（ふるや・けいた）*
東京学芸大学教育学部総合教育科学系教育学講座准教授
担当：第8章，第9章

細川美由紀（ほそかわ・みゆき）
茨城キリスト教大学文学部児童教育学科准教授
担当：第2章

前田晶子（まえだ・あきこ）*
鹿児島大学教育学部附属教育実践総合センター准教授
担当：第6章，第10章

山本　睦（やまもと・ちか）*
常葉大学保育学部保育学科准教授
担当：第3章，第4章

教師を支える研修読本
就学前教育から教員養成まで

2014 年 9 月 20 日　初版第 1 刷発行　(定価はカヴァーに表示してあります)

編　者	山本　睦
	前田晶子
	古屋恵太
発行者	中西健夫
発行所	株式会社ナカニシヤ出版

〒606-8161　京都市左京区一乗寺木ノ本町 15 番地
Telephone　075-723-0111
Facsimile　075-723-0095
Website　http://www.nakanishiya.co.jp/
E-mail　iihon-ippai@nakanishiya.co.jp
郵便振替　01030-0-13128

装幀＝白沢　正／印刷・製本＝ファインワークス
Copyright © 2014 by C. Yamamoto, A. Maeda, & K. Furuya
Printed in Japan.
ISBN978-4-7795-0879-0

本書のコピー，スキャン，デジタル化等の無断複製は著作権法上での例外を除き禁じられています。本書を代行業者等の第三者に依頼してスキャンやデジタル化することはたとえ個人や家庭内の利用であっても著作権法上認められておりません。